सदाबहार कहानियाँ

मैक्सिम गोर्की

सदाबहार कहानियाँ : मैक्सिम गोर्की

ISBN : 978-93-92088-76-6

प्रथम संस्करण : जुलाई, 2023

प्रकाशक : **अनबाउंड स्क्रिप्ट**
2/41, अंसारी रोड,
दरियागंज, दिल्ली–110002

वेबसाइट : **www.unboundscript.com**
ई–मेल : **books@unboundscript.com**
फोन : **011-35807601**

मुद्रक : विकास कम्प्यूटर एंड प्रिंटर्स
लोनी, गाजियाबाद, उत्तर प्रदेश

मूल्य : ₹ 125 /-

अनुक्रम

छोटे लड़के और लड़की की कहानी

यह एक आम रिवाज हो गया है कि साल में एक बार बड़े दिन की कहानियों में कुछ एक छोटे लड़कों और लड़कियों को बर्फ़-पाले में जामकर मार दिया जाता है। बड़े दिन की प्रतिष्ठित कहानी का बेचारा ग़रीब छोटा लड़का या बेचारी ग़रीब छोटी लड़की आमतौर से किसी प्रासाद की खिड़की के रास्ते शानदार दीवान-खाने में जगमग करते बड़े दिन के पेड़ को मुग्ध भाव से खड़ी देखती रहती है और इसके बाद बर्फ़-पाले में जाम होकर मर जाती है, कड़ुवाहट और घोर निराशा में डूबी।

इन लेखकों के भले इरादों की मैं क़द्र करता हूँ, बावजूद उस निर्ममता के, जिससे कि वे अपने नन्हें हीरो और हीरोइनों का टिकट कटाते हैं। मैं जानता हूँ कि ये लेखक इन ग़रीब छोटे बच्चों को इसलिए जाम करते हैं कि छोटे धनी बच्चों को उनके अस्तित्व की याद दिलाई जा सके, लेकिन जहाँ तक मेरा सम्बन्ध है, इतने शुभ लक्ष्य तक के लिए किसी छोटे ग़रीब लड़के या छोटी ग़रीब लड़की को जाम करके मारना मेरे बूते से बाहर है। मैं ख़ुद बर्फ़-पाले में जाम होकर कभी

नहीं मरा और मैंने किसी छोटे ग़रीब लड़के या छोटी ग़रीब लड़की को कभी जाम होकर मरते नहीं देखा। इसलिए मुझे डर है कि जाम होकर मरने की वेदना का चित्रण करने का मेरा प्रयत्न - अगर मैंने ऐसा किया तो - कहीं हास्यास्पद बनकर न रह जाये। इसके अलावा यह कुछ बहुत ही अटपटा भी मालूम होता है कि एक जीवित प्राणी को केवल इसलिए मार दिया जाये कि एक-दूसरे जीवित प्राणी को उसके अस्तित्व की याद दिलाई जा सके।

और यही कारण है कि जो मुझे एक ऐसे छोटे लड़के और एक ऐसी छोटी लड़की की कहानी कहना ज़्यादा पसन्द है जो बर्फ़-पाले में जाम होकर नहीं मरे।

बड़े दिन से ठीक पहली साँझ थी। छह बजे थे। हवा चल रही थी, बर्फ़ के बादल उड़ाती। ये ठण्डे पारदर्शक बादल, झिलमिल चूरे की भाँति हल्के और कमनीय, चारों तरफ़ उड़ते फिर रहे थे। वे राह-चलतों के चेहरों से टकराते, गालों में सुइयाँ-सी चुभाते और घोड़ों के अयालों पर बरफ छिड़क जाते। घोड़े अपने सिरों को झटकते, ज़ोरों से हिनहिनाते और ज़ोर से अपने नथुनों से भाप के बादल छोड़ते। बिजली के तारों पर बर्फ़ ऐसे पड़ा था कि वे सफ़ेद रेशमी रस्सी की भाँति मालूम होते। आसमान एकदम साफ़ और सितारों से अटा था। वे इतनी तेज़ी से चमक रहे थे कि ऐसा लगता था कि किसी ने, बड़े दिन के उपलक्ष्य में, उन्हें पालिश से रगड़कर चमका दिया हो, हालाँकि यह एक असम्भव-सी बात थी।

सड़क पर लोगों की भारी चहल-पहल और शोरगुल बढ़ रहा था। घोड़े थिरक रहे थे और लोग फुटपाथों पर चल रहे थे - कुछ उतावली में और कुछ फ़ुरसत के साथ धीरे-धीरे। कुछ उतावली में

इसलिए थे कि उन्हें चिन्ताओं और ज़िम्मेदारियों का अहसास था और उनके पास गर्म कोट नहीं थे, और फ़ुरसत में इसलिए थे कि वे इन ज़िम्मेदारियों के बोझ से मुक्त थे और उनके पास गर्म यहाँ तक कि बालदार भी - कोट थे।

इन्हीं लोगों में से एक - जो चिन्ताओं से मुक्त था और सुन्दर कालर का कोट पहने था, सो भी ऐसा, जिसमें पैबन्द लगा था, बहुत ही क़ायदे के साथ पटरी पर चल रहा था। उस सज्जन के ठीक पैरों के नीचे चिथड़ों और गूदड़ में लिपटी दो छोटी-छोटी गेंदें-सी लुढ़कती दिखायी दीं और साथ ही साथ दो नन्हीं आवाज़ें सुनायी दीं -

“दया के सागर...” एक छोटी लड़की ने सुर छेड़ा।

“राजाओं के राजा...” एक छोटे लड़के का स्वर भी उसके साथ आ मिला।

“एक टुकड़ा रोटी के लिए दान करो, कुछ तो दो, मालिक!”

“एक कोपेक[1] रोटी के लिए। त्योहार के दिन के लिए!”

इस तरह दोनों ने अपनी प्रार्थना सम्पन्न की।

ये बच्चे ही इस कहानी के हीरो और हीरोइन थे - छोटे ग़रीब बच्चे। लड़के का नाम था मिश्का प्रिश्च और लड़की का कात्का रियाबाया।

उस महाशय ने रुकने की ज़हमत नहीं उठायी, इसलिए बच्चे बार-बार उनके पैरों के नीचे डुबकियाँ लगाते और उसके सामने आकर

---

1. रूबल : रूस की मुद्रा रूबल का सौंवा हिस्सा

खड़े हो जाते। कात्का अत्यधिक आशा से दम साधे फुसफुसाकर कहती, "सिर्फ़ एक टुकड़ा," और मिश्का इस सज्जन की राह रोकने की कोशिश बाक़ी नहीं छोड़ता।

वह व्यक्ति जब इस सबसे ऊब उठा तो उसने अपने फ़रदार कोट का बटन खोलकर अपना बटुवा बाहर निकाला, नाक के पास बटुवे को फड़काते हुए एक सिक्का उसमें से बाहर निकाला फिर उस सिक्के को अपनी तरफ़ फैले नन्हें-नन्हें तथा अत्यन्त गन्दे हाथों में से एक में - डाल दिया।

चिथड़ों की वे दोनों गेंदें, पल-भर में, इस सज्जन के रास्ते से हटकर एक फाटक पर जा रुकीं जहाँ वे कुछ देर तक एक-दूसरे से चिपकी खड़ी रहीं और चुपचाप सड़क पर ऊपर-नीचे नज़र दौड़ाती रहीं।

"बूढ़ा शैतान, हमारी ओर कम्बख़्त ने देखा तक नहीं," छोटा ग़रीब लड़का कुत्सा से भरे विजयी अन्दाज़ में फुसफुसा उठा।

"वह मोड़ के उधर, गाड़ीवानों के यहाँ, गया है," लड़की ने बताया, "लेकिन मूज़ी ने दिया क्या?"

"दस कोपेक," मिश्का ने लापरवाही से कहा।

"तो अब कुल कितने हो गये?"

"सतहत्तर कोपेक।"

"ओह, इतना? तब तो आज जल्दी ही घर लौट चलेंगे, क्यों, ठीक है न? बड़ी ठण्ड है।"

"ऐसी क्या जल्दी है," मिश्का ने उत्साह पर ठण्डा पानी डालते हुए कहा, "और देखो, अधिक खुलकर काम न करना। अगर किसी दिन दारोग़ा ने पकड़ लिया तो सारे बाल कटवाकर तुझे कबूतरी बना देगा। अरे देखो, वह बज़रा चला आ रहा है। चलो, चलें।"

यह बज़रा एक मोटी स्त्री थी जो फ़र का कोट पहने थी। इससे पता चलता है कि मिश्का एक बहुत ही शैतान लड़का था, बहुत ही गँवार और अपने से बड़ों की इज़्जत न करनेवाला।

"दया की देवी..." वह मिनमिनाया।

"माँ मरियम के नाम पर..." कात्का ने साथ दिया।

"छि:! कम्बख़्त तीन कोपेक से ज़्यादा नहीं उगल सकी, बूढ़ी चुड़ैल!" मिश्का ने उसे कोसा और फिर लपककर फाटक पर पहुँच गया।

हिम के बादल अब भी सड़क पर सपाटा लगा रहे थे और हवा अधिकाधिक तेज़ होती जा रही थी। टेलीग्राफ़ के तार भनभना रहे थे। हिम-गाड़ियों के रनर्स के नीचे बर्फ़ चरचरा रही थी। और सड़क के उस ओर, कहीं दूर से, किसी स्त्री के खिलखिलाने की गूँजदार आवाज़ आ रही थी।

"क्यों चाची अनफ़िसा आज रात को फिर नशे में धुत्त नज़र आयेगी न?" कात्का ने पूछा और अपने साथी के बदन से और अधिक चिपक गयी।

"मालूम तो ऐसा ही होता है। और उसे रोक भी कौन सकता है? वह ज़रूर गड़गच्च होगी," मिश्का ने निश्चित स्वर में जवाब दिया।

हवा छतों पर से हिम समेटती सीटी की आवाज़ में बड़े दिन की धुन में गुनगुना रही थी। एक दरवाज़े की अरगल खुलने की खटाक से आवाज़ आयी। फिर काँच के दरवाज़े की झनझनाहट सुनायी दी और किसीने गहरी आवाज़ में पुकारा -

"गाड़ीवान!"

"चलो, घर चलें!" कात्का ने कहा।

"तुमने तो नाक में दम कर दिया," भरे हुए हृदय से मिश्का फूट पड़ा, "पता नहीं, घर जाने की तेरे सिर पर ऐसी क्या धुन सवार हुई है?"

"वहाँ इतना ठण्डा नहीं है," कात्का ने संक्षेप में सफ़ाई देते हुए कहा, "कुछ तो गरमाई मिलेगी।"

"बड़ी गरमाई मिलेगी, वाह!" मिश्का ने उसे कोंचा, "और जब वे जमा होकर तुझे नाच नचायेंगे तब...तब कैसा मालूम होगा? या फिर, जैसा कि पिछली बार हुआ था, अगर उन्होंने तेरे गले में ज़बरदस्ती वोदका उँडेलकर तुझे छत तक उछालना शुरू कर दिया तो? - घर? वाह!"

और उसने एक ऐसे आदमी के अन्दाज़ में अपने कन्धों को सिकोड़ा जो जानता है कि वह क्या है। और जिसे अपनी बातों के सही होने में कोई शक व शुबहा नहीं है। कात्का ने बल-सा खाकर बरबस जमुहाई ली और फाटक के एक कोने में ढह गयी।

"तुम बस चुप बनी रहो। अगर ठण्ड लगे तो बत्तीसी भींच लो और जी को कड़ा रखो। तब नहीं लगेगी। तुम और मैं, दोनों मिलकर,

किसी दिन ख़ूब मौज करेंगे। यह कौन बड़ी बात है। मैं केवल यह चाहता हूँ कि..."

और उसने अपनी बात को अधूरा छोड़ दिया - यह इसलिए कि उसकी साथिन कौतुक में भर उठे। लेकिन वह, कौतुक का ज़रा-सा भी भाव दिखाये बिना, कसमसाकर और भी दोहरी हो गयी। मिश्का ने, कुछ चिन्तित होकर, उसे चेताया -

"देखो कात्का, सोना नहीं। कहीं पाला न मार जाये। सुन रही हो न?"

"डरो नहीं, मुझे पाला-वाला कुछ भी नहीं मारेगा," कात्का ने कहा। उसके दाँत ठण्ड से किटकिटा रहे थे।

अगर मिश्का न होता तो कात्का निश्चय ही पाले में जाम होकर मर जाती। लेकिन उस छोटे तलछटी लड़के का दृढ़ निश्चय था कि बड़े दिन के अवसर पर वह ऐसी भद्दी बात नहीं होने देगा।

"पसरो नहीं, उठकर बैठो। पसरना तो और भी बुरा है। घुटने टूट नहीं गये। सीधी रहने से आदमी बड़ा दिखता है और उसे ठण्ड नहीं दबोचती। बड़ों के सामने ठण्ड की मार नहीं बसती। मिसाल के लिए घोड़ों को देखो। वे कभी पाले में जाम नहीं होते। आदमी घोड़ों से छोटे हैं, सो वे हमेशा जाम होते रहते हैं। बात मानो, उठ बैठो। पूरा एक रुबल हो जाये तो समझो कि हाँ, आज का दिन भी कुछ है।"

कात्का, जिसका सारा बदन काँप रहा था, उठ बैठी।

"सच, भयानक ठण्ड है," वह फुसफुसाई।

और ठण्ड, वास्तव में, अत्यन्त भयानक हो चली थी। बर्फ़ के बादलों ने क्रमशः गहरे घने बगूलों का रूप धारण कर लिया था, कहीं वे खम्भों की शक्ल में दिखायी पड़ रहे थे और कहीं लम्बी चादरों की शक्ल में, जिनमें हिम-कण हीरों की भाँति जड़े थे। जब वे सड़क पर लैम्पों के ऊपर से मँडराते हुए निकलते या दुकानों के चमचमाते शो-केसों के सामने से गुज़रते तो बहुत ही ख़ूबसूरत मालूम होते। वे इन्द्रधनुषी रंगों में जगमगाते और उनकी तेज़ ठण्डी चमक आँखों में डूबने लगती।

लेकिन हमारे छोटे हीरो और छोटी हीरोइन की इस सारे सौन्दर्य में कोई दिलचस्पी नहीं थी।

“ओ-हो!” अपने बिल में से थूथनी बाहर निकालते हुए मिश्का ने कहा, “यह तो पूरा रेवड़ चला आ रहा है। उठो कात्का, उन्हें पकड़ें।”

“दया के सागर...” तीर की भाँति सड़क पर पहुँच काँपती आवाज़ में छोटी लड़की मिनमिनायी।

“कुछ देते जाओ, मालिक!” मिश्का ने चिरौरी की और फिर एकाएक, चिल्ला उठा, “भागो, कात्का, भागो!”

“भुतने! ज़रा हाथ तो लगने दो। फिर देखो, तुम्हारी क्या गत बनाता हूँ, शैतान!” शहतीर की भाँति लम्बे पुलिसमैन ने, जो अचानक पटरी पर प्रकट हो गया था, बमककर कहा।

लेकिन वे ग़ायब हो चुके थे। दो चिथड़ा-गेंदें तेज़ी से लुढ़ककर आँखों से ओझल हो गयी थीं।

"ग़ायब हो गये, शैतान के बच्चे!" पुलिसमैन भुनभुनाया और सड़क पर नज़र डालते हुए भले स्वभाव से मुस्कुरा उठा।

और शैतान के बच्चे ताबड़ तोड़ भाग रहे थे और हँस रहे थे। कात्का का पाँव बार-बार उसके चिथड़ों में उलझ जाता था और वह गिर पड़ती थी।

"हाय राम, फिर गिर पड़ी!" अपने पाँवों पर फिर खड़ी होने के लिए जूझते हुए वह कहती, पीछे की ओर मुड़कर भय से देखती, और उसके चेहरे पर बरबस हँसी खेलने लगती, "कहाँ गया वह मरदूद?"

मिश्का - हँसी से दोहरा हुआ - राह-चलतों से टकराता और इस अपराध के बदले, काफ़ी बार, उसे करारी झिड़कियाँ खानी पड़तीं।

"बस, बस, बहुत लुढ़कियाँ खा चुकी, तुझे शैतान उठा ले जाये... ज़रा शक्ल तो देखो, क्या बन गयी है? बुद्धू कहीं की! अरे, फिर गिर पड़ी! बाप रे, तुम तो मुझे हँसाते-हँसाते मार डालोगी!"

कात्का की लुढ़कियों ने उसमें भारी उछाह का संचार कर दिया था।

"वह अब हमें कभी नहीं पकड़ सकता। ज़्यादा भागने की ज़रूरत नहीं। वह इतना बुरा नहीं। वह दूसरा वाला, जिसने सीटी बजाई थी। एक बार मैं भाग रहा था कि एकदम अचानक - खटाक! सीधे रात के सन्तरी के पेट में जा धँसा और मेरा सिर ज़ोरों से उसके डण्डे से टकरा गया!"

"मुझे याद है। इतना बड़ा गुमटा पड़ गया था," कात्का ने कहा और एक बार फिर हँसते-हँसते दोहरी हो गयी।

"बस करो अब। बहुत हँस ली," मिश्का ने भारी मुँह बनाकर उसे रोका, "और मैं जो कहता हूँ, वह सुनो।"

दोनों, गम्भीर और चिन्तित मुद्रा बनाये, साथ-साथ चलने लगे।

"मैं वहाँ तुमसे झूठ बोला। दस नहीं, उस खूसट ने मेरे हाथ से बीस कोपेक ठोंसे थे। और उससे पहले भी मैं तुमसे झूठ बोला - इस डर से कि कहीं तुम फिर घर चलने की रट न लगाने लगो। आज का दिन बहुत अच्छा रहा। जानती हो, कितना मिला? एक रूबल और पाँच कोपेक। है न बहुत!"

"और नहीं तो क्या?" कात्का ने साँस छोड़ी, "चाहो तो इससे जूते ख़रीद सकते हो - कबाड़ी बाज़ार में।"

"जूते, ऊँह! वे तो मैं यों ही उड़ाकर तुम्हें दे सकता हूँ। ज़रा ठहर जाओ। कितने ही दिनों से जूतों की एक जोड़ी पर मेरी नज़र है। मौक़ा लगने की देर है, साफ़ उड़ा लाऊँगा। लेकिन बात सुनो - चलो, अब ज़रा क़हवाख़ाने में चलें। क्यों, ठीक है न?"

"चाची को फिर पता चल जायेगा और वह हमारी मरम्मत करेगी, जैसा कि तब हुआ था," कात्का ने आशंका से कहा, लेकिन क़हवाख़ाने में जाकर गरमाने का मोह इतना प्रबल था कि उसे छिपाना मुश्किल था।

"हमारी मरम्मत करेगी? नहीं, इसकी नौबत नहीं आयेगी। हम और तुम, दोनों, एक ऐसे क़हवाख़ाने में चलेंगे जहाँ एक भी पंछी यह न पहचान सके कि हम कौन हैं।"

"क्या सचमुच?" कात्का ने उछाह में भरकर कहा।

“अच्छा तो सुनो, हम क्या करेंगे। सबसे पहली और सबसे बड़ी बात तो यह है कि हम आधा पौंड सॉसेज लेंगे - आठ कोपेक के, फिर आध पौंड सफ़ेद रोटी - पाँच कोपेक की। तेरह कोपेक तो ये हुए। इसके बाद तीन-तीन कोपेक की दो मीठी रोटियाँ लेंगे, छह कोपेक ये हुए। इस तरह उन्नीस कोपेक हो गये। फिर एक केतली चाय - छह कोपेक की। पूरे पच्चीस कोपेक, ज़रा सोचो तो! और हमारे पास बाक़ी बच रहेंगे...”

मिश्का अचकचाकर चुप हो गया। कात्का ने उसे भारी और शंका की नज़र से देखा।

“इतना ख़र्च कर डालोगे,” उसने दबी आवाज़ में पूछा।

“बोलो नहीं, चुपचाप सुनो। यह ज़्यादा नहीं है। इसके अलावा आठ कोपेक की चीज़ें हम और खायेंगे। कुल तैंतीस कोपेक और जब यह सब करना ही है तो फिर कहना-सुनना क्या? बड़े दिन का त्योहार है, क्यों, है न? सो हमारे पास बाक़ी बचेगा...अगर पच्चीस ख़र्च किये तो अस्सी कोपेक...और अगर तैंतीस ख़र्च किये तो सतहत्तर कोपेक - सात दस-दस के और कुछ फुटकर बचेगा। देखो, कितना अधिक बच रहेगा? उस बूढ़ी खूसट को और क्या चाहिए? इतना काफ़ी है उस शैतान की खाला के लिए। चलो, चलें। जल्दी करो।”

हाथ में हाथ डाले, उछलते और रपटते, वे पटरी पर बढ़ चले। हिम-कण उड़ते हुए उनकी आँखों से टकराते और उन्हें कुछ दिखायी नहीं देता। जब-तब बर्फ़ का बादल ऊपर से उनपर झपटता और उन दोनों के छोटे आकारों को पारदर्शक चादर में लपेट लेता जिसे वे, भोजन और गरमाई की आशा में उमगे, तुरत तार-तार कर डालते।

"सुनो," कात्का ने - इतनी तेज़ी से चलने के कारण जिसकी साँस फ़ूल आयी थी - हाँफते हुए कहा, "तुम बुरा मानो चाहे भला, अगर उसे मालूम हो गया तो मैं साफ़ कह दूँगी - यह सब तुम्हारी करतूत है...मैं परवाह नहीं करती - तुम हर बार भाग जाते हो, और अकेले मैं भुगतती हूँ - वह मुझे सदा पकड़ लेती है और तुमसे कहीं ज़्यादा मारती है...समझ गये न? मैं सब कह दूँगी।"

"जाओ, जो जी में आये कह देना," मिश्का ने गरदन हिलायी - अगर वह मारेगी तो देखा जायेगा! - मैं सब भुगत लूँगा। जाओ...और तुम भी अपने मन की कर लो।"

मुँह से सीटी बजाता, अपना सिर पीछे की ओर फेंके, वीर-भावना में पगा वह चल रहा था। उसका चेहरा पतला था। उसकी आँखों में शैतानी भरी थी और उनमें, आमतौर से, ऐसा भाव झलकता था जो उसकी इस छोटी आयु से ज़रा भी मेल नहीं खाता था। उसकी नाक नुकीली और कुछ मुड़ी हुई थी।

"यह लो, क़हवाख़ाना आ गया। एक नहीं, दो। बोलो किसमें चला जाये?"

"छोटे वाले में। लेकिन आओ, पहले किराने की दुकान पर चलें।"

खाने की सारी चीज़े ख़रीदने के बाद उन्होंने छोटे क़हवाख़ाने में प्रवेश किया।

क़हवाख़ाना धुएँ, भाप और एक तेज़ खट्टी गन्ध से भरा था आवारा भिखमंगे, गाड़ीवान और सैनिक अँधेरे में लिपटे बैठे थे और

अत्यन्त गन्दे वेटर मेज़ों के बीच मँडरा रहे थे। चीख़-चिल्लाहट गाने और गालियों का बाज़ार गर्म था।

कोने में एक ख़ाली मेज़ पड़ी थी। मिश्का ने उसे भाँपा और सपक सुई की भाँति वहाँ पहुँच गया। उसने अपना कोट उतारकर रख दिया और इसके बाद काउण्टर के पास पहुँचा। कात्का भी, लजीली नज़रों से इधर-उधर देखते हुए, अपना कोट उतारने लगी।

"क्यों , मिस्टर, चाय मिलेगी?" काउण्टर को अपनी मुट्ठियों से धीरे-धीरे बजाते हुए मिश्का ने वहाँ बैठे आदमी से पूछा।

"चाय? मिलेगी क्यों नहीं? थोड़ा कष्ट करो। उधर जाकर कुछ गर्म पानी ले लो। और देखो, कोई चीज़ टूटे-फूटे नहीं। अगर तोड़-फोड़ की तो ऐसा सबक पढ़ाऊँगा कि याद रखोगे।"

लेकिन मिश्का पानी के लिए लपक चुका था।

दो मिनट बाद वह अपनी साथिन के साथ बैठा काग़ज में तम्बाकू लपेटकर भरे-पूरे अन्दाज़ में अपने लिए एक ताज़ा सिगरेट बना रहा था - उस गाड़ीवान की भाँति, जो दिन में अच्छी मज़दूरी कर चुका हो। कात्का मुग्ध भाव से उसे देख रही थी। उसके हृदय में इस बात का रोब छाया था कि लोगों के बीच वह कितने बढ़िया और सहज ढंग से व्यवहार करता है। क़हवाख़ाने के इस कान-फोड़ होहल्ले के बीच वह सात जनम भी अपने आपको सँभाले नहीं रख सकती और कुछ नहीं तो एक यही डर उसके सिर पर सवार रहता कि कोई क्षण ऐसा आ रहा है जब उन्हें कान पकड़कर यहाँ से बाहर निकाल दिया जायेगा। लेकिन, चाहे दुनिया इधर से उधर हो जाये, मिश्का के सामने वह अपने इन भावों और आशंकाओं को प्रकट नहीं होने दे सकती।

सो वह अपने सन के रंग के बालों को थपथपाने और सीधे-सादे तथा अकृत्रिम अन्दाज़ में अपने इधर-उधर देखने लगी। ऐसा करने के प्रयास में उसके मैले गालों में रंग की बाढ़ उतर आयी और अपनी अचकचाहट छिपाने के लिए अपनी नीली आँखों को उसने सिकोड़ लिया। इस बीच मिश्का, अहाते के चौकीदार सिगनेई के लहजे और शब्दों में, उसे पाठ पढ़ा रहा था। यह चौकीदार - उस समय भी जब कि वह नशे में धुत्त होता था - मिश्का को बहुत ही प्रभावशाली आदमी मालूम होता था और अभी-अभी चोरी के अपराध में तीन महीने की जेल काटकर आया था। सो उसके लहजे और शब्दों की बात करता मिश्का कात्का से कह रहा था -

"हाँ तो मिसाल के लिए, समझ लो कि तुम भीख माँगने निकली हो। अब भीख कैसे माँगी जाती है? केवल यह चिंचियाते रहना कि दया करो, दया करो, बिल्कुल बेकार है। यह कोई तरीक़ा नहीं है। तुम्हें जो करना चाहिए वह यह कि उस मरदूद के पाँवों से उलझ जाओ - इस तरह कि वह घबरा जाये और डरने लगे कि कहीं वह लड़खड़ाकर तुम्हारे ऊपर न गिर पड़े।"

"यह तो मैं कर लूँगी," कात्का ने दबे स्वर में सहमति प्रकट की।

"बहुत ठीक," उसके साथी ने सराहना से सिर हिलाते हुए कहा, "यही असली चीज़ है। अब, मिसाल के लिए, चाची अनफ़िसा को लो। चाची अनफ़िसा क्या है? सबसे पहली बात यह कि वह पियक्कड़ है। और इसके अलावा..."

और मिश्का ने, सराहनीय साहस के साथ, खुलकर बताया चाची अनफ़िसा इसके अलावा और क्या है।

कात्का ने सिर हिलाकर चाची के बारे में उसके मूल्यांकन से सहमति प्रकट की।

"तुम उसका कहना नहीं मानती। यह ठीक नहीं है। तुम्हे मिसाल के तौर पर, कहना चाहिए - 'मैं अच्छी लड़की बनूँगी, चाची तुम्हारी बात का मैं ध्यान रखूँगी...' दूसरे शब्दों में यह कि उसको मुलायम मक्खन लगाती रहो और इसके बाद जो मन में आये करो यह सही तरीक़ा है।"

मिश्का चुप हो गया और रोबीले अन्दाज़ में अपना पेट खुजलाने लगा, जैसे कि अपना भाषण झाड़ने के बाद सिगनेई करता था। और जब उसे और कोई विषय नहीं सूझा तो उसने अपने सिर को हल्का-सा झटका दिया और बोला -

"हाँ, तो अब खाना चाहिए।"

"आओ, शुरू करें," कात्का ने, जो कितनी ही देर से रोटी और सॉसेज की ओर भूखी आँखों से देख रही थी, सिर हिलाकर सहमति प्रकट की।

और सीलन की गन्ध भरे रोशनीविहीन इस क़हवाख़ाने के एक अँधेरे कोने में वे अपना साँझ का खाना खाने लगे। गन्दे गीतों और भद्दी गालियों की आवाज़ पृष्ठ-संगीत का काम कर रही थी। दोनों बड़ी लगन से, अपनी पसन्द और नापसन्द का परिचय देते और बीच-बीच में कुछ रुकते हुए, सच्चे रसज्ञों की भाँति खा रहे थे। और अगर कात्का, शालीनता की भावना को भूलकर, लालच के मारे अपने मुँह में इतना बड़ा निवाला भर लेती कि उसके गाल कुप्पे से निकल आते

और उसके दीदे बाहर झाँकने लगते, तो शान्त और स्थिर मिश्का दुलार के स्वर में कहता -

"ऐसी जल्दी क्या है, रानी साहिबा?"

और फिर, उस भारी-भरकम निवाले को निगलने की उतावली में, उसका दम-सा घुटने लगता।

और यही मेरी कहानी का अन्त है। बिना किसी क्षोभ या पछतावे के मैं इन बच्चों को बड़े दिन की यह रात बिताने के लिए अकेला छोड़ सकता हूँ। और यह आप निश्चित समझिये कि उनके जाम होकर मरने का ख़तरा ज़रा भी नहीं है। वे अपने पूरे रंग में हैं। आख़िर उन्हें बर्फ़-पाले में जाम करके मारने से मेरा - या इस दुनिया का - क्या भला होगा?

मुझे यह एक बहुत ही बड़ी और भारी मूर्खता मालूम होती है कि बच्चों को पाले में जाम करके मारा जाये - ख़ास तौर से उस हालत में, जब कि वे निश्चय ही किसी न किसी दिन मरेंगे, लेकिन इससे कहीं अधिक सीधे और साधारण तरीक़े से।

छब्बीस पुरुष और एक लड़की

हम छब्बीस थे छब्बीस जीती-जागती मशीनें; गीले तहखानों में बंद, जहां हम क्रेंडल और सुशका बनाने के लिए आटा गूंधते थे। हमारे तहखाने की खिड़की नमी के कारण हरे और कीचड़ भरी ईंटों के क्षेत्र में खुलती थी। खिड़की को बाहर से लोहे की सलाखों से रक्षित किया गया था। आटे की धूल से सने शीशों से धूप नहीं आ सकती थी। हमारे मालिक ने खिड़की में लोहे की सलाखें इसलिए लगवाई थीं कि हम बाहर के भिखारियों को या अपने उन साथियों को रोटी न दे सकें, जो बेकार थे और भूखों मर रहे थे। हमारा मालिक हमें कपटी कहता था और खाने में मांस की जगह जानवरों की सड़ी आंतें देता था। वह हमारे लिए भाप और मकड़ी के जालों से भरी, नीची एवं छत और धूल तथा गोरुई रोग से ग्रसित मोटी दीवारों के बीच, गला घोंटनेवाला बंद पत्थर का बक्सा था, जहां हम रखे गए थे।

हम प्रातः पांच बजे जागते थे और सोते समय हमारे साथियों द्वारा गूंधे गए आटे से क्रेंडल और सुशका बनाने के लिए, भोथरे और

उदासीन, छह बजे तक अपनी मेजों पर बैठ जाते थे। सारा दिन- प्रातः से लेकर रात दस बजे तक- हममें से कुछ साथी मेजों पर गूंधे आटे को हाथों से गोल करते थे और बाकी दूसरे आटे को पानी में गूंधते थे। सारा दिन उस बरतन में धीमी और शोकपूर्ण आवाज में खौलता पानी गाता रहता, जिसमें क्रेंडल पकाते थे और नानबाई अपने बेलचे से सख्ती तथा जोर से भट्ठी को रगड़ता था, जब उबाले गए आटे को गरम ईंटों पर रखता था। सारा दिन अंगीठी की लकड़ियां जलती रहती थीं और ज्वाला का लाल प्रतिबिंब उस काले घर की दीवारों पर नाचता था, मानों हमारा मजाक उड़ा रहा हो। किसी परियों की कहानी के दैत्य के सिर की तरह, महाकाय भट्ठी का आकार भी भद्दा था। जीवित आग भरे अपने जबड़े को खोले, हम पर गरम सांसें छोड़ता और भट्ठी पर लगे दो रोशनदानों से अनंत रूप से हमारे काम को देखता, अपने आपको भूमि से ऊपर को धक्का देता हुआ प्रतीत होता था- ये दो रोशनदान आंखों की तरह थे- दैत्य की शांत और निर्दयी आंखें! वे हमेशा हमारी तरफ उसी काली नजर से देखतीं, मानों वे सनातन गुलामों को देखते-देखते थक गई हों और हमसे किसी मानव वस्तु की अपेक्षा न करके बुद्धिमानी की ठंडी घृणा से हमारा तिरस्कार कर रही हों।

दिन-प्रतिदिन, आटे की धूल और अपने पैरों से लाए गए कीचड़ में, उस अत्यन्त गरम वातावरण में, हम गूंधे हुए आटे को अपने पसीने से तर करते क्रेंडलों के लिए गोले बनाते थे। हम अपने काम से तीव्र घृणा करते थे और अपने हाथ से बनाए क्रेंडल कभी नहीं खाते थे। हम चरी से बनाए क्रेंडलों को मान्यता देते थे। लंबी मेज पर एक-दूसरे के सामने बैठते थे। लंबे समय तक मशीन की तरह हाथों और अंगुलियों को चलाते थे कि हमें अपनी गति को देखने की जरूरत नहीं पड़ती थी। हम एक-दूसरे को तब तक देखते रहते थे, जब तक हर कोई यह नहीं

देख लेता था कि उसके साथी के चेहरे पर कितनी झुर्रियां थीं। हमारे पास बात करने के लिए कुछ नहीं था। बातचीत का हर विषय समाप्त हो चुका था और हम अधिक समय तक चुप रहते थे, जब तक एक-दूसरे को गाली नहीं देते थे। एक व्यक्ति हम एक को गाली दे सकता था, विशेषकर जब वह व्यक्ति उसका साथी हो, परन्तु ऐसा बहुत कम होता था। एक आदमी तुम्हें बुरा-भला कैसे कह सकता है जब वह स्वयं ही अधमरा हो, यदि वह स्वयं पत्थर हो, यदि उसकी भावनाओं को उसके परिश्रम ने कुचल दिया हो, परन्तु हमारे जैसे आदमियों के लिए मौन रहना अत्यन्त कष्टकर था। उनके लिए, जिन्होंने सब कुछ कह दिया हो, जो वे कह सकते थे- मौन केवल उनके लिए सादा और सरल है, लेकिन जिन्होंने अभी तक बोलना शुरू नहीं किया... परन्तु कभी-कभी हम गाते थे और हमारा गाना इस प्रकार शुरू होता था- काम करते-करते हममें से एक थके हुए घोड़े की तरह लंबी आह भरता, फिर नरम स्वर में गुनगुनाता था, जिसका मधुर किंतु शोकाकुल उद्देश्य हमेशा गायक के दिल को हलका कर देना था। हममें से एक गाता और बाकी चुप रहकर उसे सुनते। गाना कांपता और हमारे तहखाने की छत के नीचे मर जाता था; जैसे सर्दियों की गीली रात में आग। उसके साथ दूसरी आवाज जुड़ जाती और दोनों आवाजें, तब हमारे घनी भीड़ वाले गढ़े के मोटे वातावरण में नरम और शोकाकुल रूप से तैरने लगतीं। एकाएक कई आवाजें जुड़ जातीं और गाना लहरों की तरह उठता तथा ऊंचा और ऊंचा होता जाता, लगता कि पथरीली जेल की दीवारें हिल जाएंगी।

छब्बीस-के-छब्बीस आदमी अपनी शक्तिशाली आवाजों में गाकर नानबाई खाने को भर देते थे जब तक यह महसूस नहीं होता था कि तहखाना हमारे गाने के लिए छोटा पड़ रहा है। गाना पथरीली दीवारों से टकराता था, विलाप करता था और कराहता था। वह दिल

को मधुर उत्तेजित पीड़ा से भर देता था, पुराने घावों को खोलता था और निराशाओं को जाग्रत करता था। गाने वाले गहरी और भारी आह भरते। एक आदमी एकाएक अपना गाना बंद करके कुछ देर के लिए साथियों का गाना सुनने बैठ जाता था। फिर उस आवाज को पुनः सामान्य लहर मिल जाती अथवा कोई निराशा में चिल्लाता- 'आह!' और फिर आंखें बंद करके गाने लगता था। परिपूर्ण लहर संभवतः उसे कहीं दूर का रास्ता मालूम होती- खुली धूप से चमकता रास्ता, जिस पर वह स्वयं चल रहा था।

परन्तु भट्ठी में ज्वाला अभी तक झिलमिला रही थी। नानबाई अब तक अपने बेलचे से रगड़ रहा था। पानी अभी तक बरतनों में खौल रहा था और आग का प्रतिबंब अब भी दीवारों पर तिरस्कार से नाच रहा था। दूसरे आदमियों के शब्दों में हमने अपने भौथरे शोक को गाया- और गाया उन व्यक्तियों की व्यथा को, जो धूप से वंचित थे और जिनको गुलामों जैसी भारी निराशा थी।

तो पत्थरों से बने उस बड़े तहखाने में हम छब्बीस आदमी इस प्रकार रहते थे। हमारे ऊपर काम का बोझ इतना था मानो उस मकान की तीनों मंजिलों का सारा बोझ हमारे कंधों पर हो। गाने के अतिरिक्त हमारे पास और भी अच्छी चीज थी, ऐसी चीज, जिसको हम प्यार करते थे और जिसने धूप का स्थान ले लिया था- धूप, जिसकी कमी हमें थी। हमारे मकान की दूसरी मंजिल पर सुनहरी कशीदाकारी की दुकान थी और उसमें काम करने वाली लड़कियों के साथ एक तानिया भी थी- सोलह वर्ष की घरेलू सेविका। प्रतिदिन प्रातः वह अपनी चमकती आंखें और गुलाबी चेहरा लिये, दरवाजे में लगी खिड़की से झांकती और दुलार दिखाने वाली तथा ठनठनाती आवाज में हमें बुलाकर पूछती, "कैदियों! क्या मेरे लिए कोई क्रेंडली है?"

हम सभी इस साफ, प्रसन्न और जानी-पहचानी आवाज पर मुड़ते और प्रसन्नतापूर्वक उस छोटे से मुसकराते सुकुमार चेहरे को देखते थे। हम शीशे से दबी छोटी नाक और गुलाबी होंठों के बीच छोटे एवं सफेद दांतों को चमकते देखना चाहते थे- गुलाबी होंठ, जो मुसकराहट से फैल जाते थे। हम एक-दूसरे पर गिरते हुए उसके लिए दरवाजा खोलने जाते थे। वह आंनदचित अंदर आती और हमारे सामने एप्रेन थामे और मुसकराते हुए खड़ी हो जाती थी। एप्रेन के लम्बे प्लेट, जो कंधों पर खिसक जाते थे, उसके सीने के आर-पार तक आते थे और हम काले, गंदे, भद्दे उसकी तरफ देखते थे- (भूमि से दहलीज कई सीढ़ियां ऊंची थीं) केवल उसके लिए रटे गए विशेष शब्दों में हम उसे शुभ प्रभात कहते थे। जब उससे बात करते तो हमारी आवाजें नरम हो जातीं और मजाक भी आसानी से होते थे। जो कुछ भी हम उसके लिए करते, उनमें कुछ-न-कुछ विशेषता होती थी। नानबाई अपना बेलचा धकेलता और अत्यन्त भारी क्रेंडल, जो भी वह ढूंढ़ सकता था, निकालता और तानिया के एप्रेन में डाल देता था।

"ध्यान रखना कि मालिक तुम्हें पकड़ न ले!" हम हमेशा उसे चेताया करते थे। वह गंवारू हँसी हँसती और प्रसन्नता से कहती- "अलविदा, कैदियों!" और चूहे की तरह भाग जाती थी।

यह सब कुछ होता था। जब वह चली जाती तो उसकी बात हम एक-दूसरे से करते। हम वही कहते जो पिछले दिन या उसके पिछले दिन कहा था; क्योंकि वह और हम तथा हमारे आसपास की चीजें वही होती थीं, जो पिछले या उससे पिछले दिन होती थीं। यह किसी भी व्यक्ति के लिए कठिन और दुःखदायी होता है, जिसके इर्द-गिर्द कुछ भी परिवर्तन नहीं होता। यदि इसमें आत्मा को पूरी तरह नष्ट करने का प्रभाव नहीं होता तो जितना अधिक समय वह जीता है,

उसके आसपास का वातावरण उतना ही दुःखदायी और थकान वाला हो जाता है। औरतों के बारे में बात करते हुए हमारे अशिष्ट और लज्जाहीन शब्द कभी-कभी हमें भी घृणित प्रतीत होते हैं। यह हो सकता है कि जिन औरतों को हम जानते थे, वे दूसरे प्रकार के शब्दों के योग्य न हों, परन्तु हमने कभी भी तानिया के बारे में बुरा नहीं कहा था। हममें से किसी आदमी का साहस नहीं होता था कि उसे हाथ से छुए। हमने कभी भी खुला मजाक उसके सामने नहीं किया था। संभवतः यह कारण था कि वह हमारे पास अधिक समय तक नहीं रुकती थी; टूटे तारे की तरह एक क्षण चमककर लुप्त हो जाती थी, या फिर वह इतनी छोटी, प्यारी और सुंदर थी कि अशिष्टतम व्यक्तियों तक के दिलों में अपने लिए आदर जाग्रत कर सकती थी। भले ही कठोर परिश्रम ने हमे आत्मशक्ति से वंचित कर दिया था, हम फिर भी पुरुष और पूजा के लिए कुछ-न-कुछ चाहते थे, तानिया से बढ़कर हमारे पास और कोई वस्तु नहीं थी। तानिया के अतिरिक्त और किसी ने भी हम तहखाने के निवासियों की ओर ध्यान नहीं दिया था, भले ही मकान में बीसियों व्यक्ति और रहते थे। सबसे महत्त्वपूर्ण बात यह थी कि हम सभी उसको अपना मानते थे- एक प्राणी, जो हमारे क्रेंडलों पर जी रहा था। हमने उसको गरम-गरम क्रेंडल देना अपना कर्तव्य मान लिया था। क्रेंडल हमारे देवता के लिए दैनिक भेंट बन गई- लगभग धार्मिक रीति, जो हमारे संबंधों को दिन-प्रतिदिन और पास लाती गई। क्रेंडलों के साथ हम उसे परामर्श भी देते थे; जैसे- उसे गरम कपड़े पहनने चाहिए, उसे सीढ़ियों पर दौड़कर चढ़ना नहीं चाहिए और न ही लकड़ी के भारी गट्ठर उठाने चाहिए। वह हमारे परामर्शों को सुनकर मुसकराती और हमारी बातों का जवाब हँसकर देती थी। कभी-कभी वह हमारे परामर्शों पर ध्यान नहीं देती थी, परन्तु इससे हमें किसी प्रकार का कष्ट नहीं होता था। हमें तो केवल इतना ही दिखाने की चिंता थी कि हम उसका ध्यान रखते हैं।

वह कोई-न-कोई प्रार्थना लेकर हमारे पास बारंबार आती थी; जैसे- तहखाने का भारी दरवाजा खोलना या कुछ लकड़ी चीरना; और हम गर्व से खुशी से वह सब कुछ करते थे जो वह कहती थी।

जब कोई उससे कहता कि मेरी एकमात्र कमीज की मरम्मत कर दो तो वह नाक सिकोड़कर तिरस्कार पूर्वक कहती- "कैसा विचार है यह! जैसे मैं इसे कर सकती हूं।"

हम उस साहसी लड़की पर हँसे और फिर कभी ऐसी मांग नहीं की। हम उसे प्यार करते थे। बस इतना कहना ही पर्याप्त है। एक आदमी अपना प्यार अन्य व्यक्ति पर प्रतिपादित करना चाहता है, भले ही वह कभी-कभी इसके प्यार को बिगाड़ देता है, दूषित कर देता है; भले ही इससे दूसरे का जीवन नष्ट हो जाए, क्योंकि वह प्रेमिका का आदर किए बिना उसे प्यार करता है। हम तानिया को प्यार किए बिना नहीं रह सकते थे, क्योंकि हमारे पास दूसरा कुछ करने के लिए था ही नहीं!

कभी-कभी हममें से एक हमारे इस व्यवहार की आलोचना करता था-

"हम लड़की को क्यों बिगाड़ें? आखिर उसमें कौन सी ऐसी बात है? हम उसके लिए काफी कष्ट उठाते हुए प्रतीत होते हैं।"

जिस आदमी ने ऐसा कहने का साहस किया, उसको

धृष्टतापूर्वक चुप करा दिया गया। हमें किसी से प्यार करना था और हमने किसी को प्यार के लिए ढूंढ़ लिया था। जिस प्राणी को हम छब्बीस लोग प्यार करते थे, वह हर एक के लिए भिन्न और पवित्र

होना चाहिए; जो इसका उल्लंघन करते हैं, वे हमारे शत्रु हैं। जिस वस्तु को हम प्यार करते थे, संभवतः वह अच्छी नहीं थी, परन्तु हम छब्बीस थे, इसी कारण हमें ऐसी वस्तु चाहिए थी जो सबको प्यारी होती और जिसको सभी एक-सा आदर देते।

प्यार भी घृणा से कम सताने वाला नहीं। संभवतः इसीलिए कुछ चतुर आदमी मानते हैं कि घृणा प्यार की अपेक्षा अधिक प्रशंसनीय है, परन्तु यदि वे ऐसा मानते हैं तो हमारे पीछे क्यों भागते हैं?

क्रेंडली बेकरी के अतिरिक्त उसी मकान में हमारे मालिक की डबलरोटी की बेकरी भी थी, जिसको हमारे गड्ढे से एक दीवार जुदा करती थी। वहां रोटी बनाने वाले चार नानबाई थे, परन्तु वे यह सोचकर कि उनका काम हमारे काम से श्रेष्ठ है, हमारी अवहेलना करते थे। वे कभी भी हमसे मिलने नहीं आते थे और जब भी हम सेहन में मिलते, वे हमारा मजाक उड़ाते थे, इसलिए उनसे नहीं मिलते थे। कहीं हम मिल्क-रोल न चुरा लें, इसलिए हमारे मालिक ने हमें मना कर दिया था। हम रोटी बनाने वालों को पसंद नहीं करते थे, क्योंकि हम उनसे ईर्ष्या करते थे। उनका काम हमारे काम से आसान था। उनको हमसे अधिक पगार मिलती थी और उनका खान-पान भी अच्छा था। उनका कमरा हमारे कमरे से बड़ा था और उसमें रोशनी की पर्याप्त व्यवस्था थी। वे सभी हृष्ट-पुष्ट और साफ-सुथरे व्यक्ति थे, जबकि हम दुःखी एवं त्रस्त जंतु थे। हममें से तीन साथी रोगग्रस्त थे- एक को चर्मरोग था, दूसरा गठिए के कारण पूर्णतया बेढंगा था। खाली समय और छुट्टियों में रोटी बनाने वाले चुस्त, छोटे-छोटे और आवाज करने वाले जूते पहनते थे। कुछ के पास हवा से बजने वाले हाथ के बाजे होते थे और वे पार्क में घूमने जाते थे, जबकि हम अपने गंदे चिथड़े और फटे

जूते पहनते थे और पुलिस वाले हमें पार्क में जाने से रोकते थे। अतः कोई आश्चर्य नहीं कि हम रोटी बनाने वालों को पसंद नहीं करते थे।

एक दिन हमने सुना कि डबलरोटी बनाने वालों में से एक ने बहुत पी ली थी। मालिक ने उसे निकाल दिया और दूसरे को उसकी जगह काम पर रख लिया। उसकी प्रसिद्धि सिपाही के रूप में थी। वह साटन की वास्कट और सुनहरी घड़ी-चेन पहने घूमता था। हम इस अजूबे को देखने के लिए उत्सुक थे और सेहन में एक-दूसरे के बाद इस आशा से भागते रहे कि उसकी एक झलक मिल जाए।

वह स्वयं हमारे पास आया। उसने एक ठोकर मारकर दरवाजा खोला और दहलीज पर खड़े होकर मुसकराते हुए हमसे कहा, “परमात्मा आपके साथ हो, शुभ प्रभात, साथियों!”

दरवाजे पर गहरे बादल की तरह आती हुई ठंडी हवा उसकी टांगों से खेल रही थी। वह दहलीज पर खड़ा हमें देख रहा था और बल दी गईं उसकी साफ मूंछों के नीचे उसके पीले दांत चमक रहे थे। वह वास्तव में नीले रंग की अजीब वास्कट पहने हुए था, जिस पर फूलों की चमकदार कशीदाकारी की हुई थी। उसके बटन लाल पत्थर के थे और चेन भी वहां थी।

वह सिपाही सुंदर था- लंबा, तगड़ा, गुलाबी गाल और आंखों में स्पष्ट दयालु आकृति। वह कलफ लगी टोपी पहने हुए था और उसके साफ एप्रेन के नीचे पॉलिश किए हुए चमकदार जूतों की नोक झांक रही थी।

जब हमारे अपने नानबाई ने उससे दरवाजा बंद करने के लिए आदरपूर्वक प्रार्थना की, तब उसने उसे धीरे से बंद कर दिया और

फिर मालिक के बारे में प्रश्न करने लगा। एक-दूसरे से होड़ लेते हुए हमने उसे बताया कि हमारा मालिक ऊनी बनियान की तरह है- दुष्ट, दुराचारी अर्थात् सब कुछ। वास्तव में, मालिक की बाबत जो कुछ भी कहने योग्य होता है, उसको यहां कहना असंभव है।

अपनी मूंछों पर ताव देते हुए सिपाही सुनता रहा और अपनी बड़ी एवं कोमल आंखों से हमारी तरफ देखता रहा।

"क्या यहां बहुत लड़कियां हैं?" उसने एकाएक पूछा।

हममे से कुछ इस पर हंसने लगे; जबकि दूसरों ने मुंह बनाकर उसे बताया कि कुल मिलाकर नौ लड़कियां थीं।

"क्या तुम अपने अवसरों का लाभ उठाते हो?" सिपाही ने एक आंख झपकाकर पूछा।

हम पुनः हँस दिए- नरम और व्याकुल हँसी। हममें से कई ने चाहा होगा कि सिपाही को विश्वास दिला दें कि हम भी उतने ही चतुर हैं जितना कि वह, परन्तु हममें से कोई भी ऐसा नहीं करता और न ही कोई जानता था कि यह कैसे किया जाए। कुछ ने तो यह कहते हुए नरमी से स्वीकार भी कर लिया-

"हम इसे पसंद नहीं करते।"

"हां, यह वस्तुतः तुम्हारे लिए कठिन भी होगा।" सिपाही ने ऊपर-नीचे देखते हुए विश्वास के साथ कहा, "यह तुम्हारी श्रेणी में नहीं है, तुम्हारी कोई प्रतिष्ठा नहीं है- शक्ल-सूरत भी नहीं, यहां तक कि तुम्हारा कोई अस्तित्व ही नहीं है। औरत आदमी की आकृति का विशेष ध्यान रखती है। उसका शरीर अच्छा होना चाहिए और कपड़े

भी अच्छी तरह पहने हों; फिर औरत आदमी की शक्ति की प्रशंसा करती है। उसका इस प्रकार का बाजू होना चाहिए, देखा!"

सिपाही ने अपना दायां हाथ जेब से निकाला और कोहनी तक नंगा करके हमें दिखाया। यह सफेद शक्तिशाली बाजू था, जिस पर चमकते हुए सुनहरे बाल थे।

"टांग, छाती और हर अंग पुष्ट होना चाहिए और फिर अच्छा बनने के लिए कपड़े भी अच्छी तरह पहने हुए होने चाहिए। मुझे ही देख लो, सारी औरतें मुझसे प्यार करती हैं। उनको बुलाने के लिए मुझे अंगुली उठानी नहीं पड़ती और एक समय में पांच अपने आपको मेरे सिर पर गिरा देती हैं।"

वह आटे के बोरे पर बैठ गया और हमें सुनाने लगा कि किस तरह औरतें उससे प्यार करती थीं और किस वीरता से वह उनसे व्यवहार करता था। अंततः वह चला गया और जब दरवाजा चीं करके बंद हुआ तो हम सिपाही और उसकी कहानियों को सोचते देर तक मौन बैठे रहे; एकाएक हम सभी बोलने लगे और यह शीघ्र ही स्पष्ट हो गया कि हम सभी उसमें रुचि लेने लगे थे। कितना सीधा आदमी था। वह आया और हमसे बातचीत की। किसी ने भी आकर हमसे इस प्रकार मित्रतापूर्वक बात नहीं की थी। हमने उसकी बात की और बात की कशीदाकारी करने वाली लड़कियों पर उसकी भावी विजय दर्ज की। वे लड़कियां बाहर निकलतीं तो हमसे आंख बचाकर चली जाती थीं या सीधी निकल जाती थीं; जैसे हम वहां थे ही नहीं। हमने कभी भी उनकी प्रशंसा करने का साहस नहीं किया, भले ही दरवाजे के बाहर या जब सर्दियों में अजीब कोट और टोपी पहने हमारी खिड़की के सामने से जाती थीं और गर्मियों में कई रंगों के फूल लगे टोप और हाथों में

छोटे छाते होते थे। फिर भी हम आपस में इन लड़कियों के बारे में इस ढंग से बातें करते थे कि यदि वे सुन लेतीं तो मारे शरम और घबराहट के पागल हो जातीं।

"मैं आशा करता हूं कि वह हमारी तानिया को गुमराह नहीं करेगा!" अचानक नानबाई ने चिंतित होते हुए कहा।

उसके शब्दों को सुनकर हममें से कोई नहीं बोला। तानिया के बारे में हम भूल गए थे। सिपाही ने उसे हमसे छिपा लिया था; जैसा कि उसके अपने सुंदर शरीर के बारे में हो। फिर झगड़ा शुरू हो गया। कुछ साथियों का कहना था कि तानिया अपने आप इतना नहीं गिरेगी, दूसरे कहते कि वह सिपाही को रोक नहीं सकेगी और एक तीसरे वर्ग का विचार था कि यदि सिपाही ने तानिया को तंग करना शुरू किया तो उसकी पसलियां तोड़ देंगे। अंत में हम इस निर्णय पर पहुंचे कि तानिया और सिपाही की ध्यानपूर्वक चौकसी की जाए और लड़की को उसके प्रति सचेत कर दिया जाए। इस निर्णय ने झगड़े को समाप्त कर दिया।

एक महीना व्यतीत हो गया। सिपाही ने डबलरोटी बनाई, कशीदाकारी करने वाली लड़कियों के साथ घूमा, हमसे मिलने आया, परन्तु कभी भी लड़कियों पर अपनी विजय की बात नहीं की, वह केवल अपनी मूंछों को बल देता और होंठों को चाटता था। तानिया हमारे पास हर प्रातः 'छोटे क्रेंडलों' के लिए आती थी और हमारे साथ उसी तरह मधुर, प्रसन्न और मित्रवत् रहती। हमने उससे सिपाही की बाबत बात करने का प्रयास किया। वह उसे 'रंगीन चश्मा चढ़ा बछड़ा' कहती थी तथा और भी कई नामों से बुलाती थी। इससे हमारा डर दूर हो गया।

यह देखकर कि कशीदाकारी करने वाली लड़कियां उसके पीछे कैसे दौड़ती थीं, हमें तानिया पर गर्व था। सिपाही के प्रति तानिया के व्यवहार ने हमारा सिर ऊंचा कर दिया था और हम, जो उसके इस व्यवहार के लिए जिम्मेदार थे, ने सिपाही के साथ अपने संबंधों को घृणा की दृष्टि से देखना शुरू कर दिया तथा तानिया को और अधिक प्यार करने लगे; बल्कि और अधिक प्रसन्नता से। अच्छे स्वभाव के साथ प्रातः काल उसका अभिनंदन करने लगे।

एक दिन सिपाही खूब शराब पीकर हमारे पास आया और बैठकर हँसने लगा। जब हमने पूछा कि उसकी हंसी का कारण क्या है तो कहने लगा-

"मेरे लिए दो लड़कियां आपस में लड़ने लगीं। वे एक-दूसरी पर कैसे झपटीं...हा, हा...एक ने दुसरी को बालों से पकड़कर रास्ते में पटक दिया और उसके ऊपर बैठ गई...हा, हा, हा! उन्होंने एक-दूसरे को खरोंचा और फाड़ दिया...तुम मर गए होते! वे ठीक ढंग से क्यों नहीं लड़ सकतीं? वे हमेशा खरोंचती और खींचती क्यों हैं?"

वह बेंच पर बैठ गया- पुष्ट, साफ और प्रसन्न। वह वहां बैठा और हँसा। हम चुप थे और उस समय उसे पसंद नहीं कर रहे थे।

"विश्वास पाने के लिए औरतें मेरे पीछे किस तरह भागती हैं! यह वस्तुतः खिलवाड़ है, मुझे केवल आंख झपकाना होता है और वे आ जाती हैं- दुष्ट!"

उसने चमकते बालों वाले अपने हाथ ऊपर उठाए और अपने घुटनों पर दे मारे। उसने हमारी तरफ ऐसे आश्चर्यजनक हाव-भाव से

देखा जैसे वह स्वयं अपनी उस सफलता की प्रसन्नता पर हैरान हो, जो उसे औरतों से मिली थी। उसके मोटे गुलाबी गाल संतुष्टि से चमक रहे थे और वह अपने होंठों को चाटता रहा।

हमारे नानबाई ने बेलचे को क्रोध से भट्ठी में रगड़ा और एकाएक उपहास करते हुए बोला, "छोटे पौधे को उखाड़ने में ज्यादा कुछ नहीं करना पड़ता, परन्तु जरा देवदार का बड़ा वृक्ष काटने का प्रयास करो तो जानें।"

"यह मुझे कह रहे हो?" सिपाही ने पूछा।

"हां, तुम्हें।"

"तुम्हारा मतलब क्या है?"

"कुछ नहीं, यह मुंह से निकल गया।"

"परन्तु जरा रुको। किसके बारे में कहते हो? कौन-सा देवदार?"

हमारे नानबाई ने उत्तर नहीं दिया और अपना बेलचा शीघ्रता से चलाता रहा। वह उबले हुए क्रेंडलों को अंदर रखता और पके हुए क्रेंडलों को बाहर निकालता तथा जोर से फर्श पर फेंकता था, जहां लड़के उनको रस्सी से आपस में बांधने में व्यस्त थे। ऐसा प्रतीत होता था कि वह सिपाही और उसके साथ हुई बातचीत को भूल गया था। किसी तरह सिपाही एकाएक बेचैन हो गया। वह उठा और भट्ठी के पास गया। दस्ते को नानबाई बेग से हवा में घुमा रहा था। वह (सिपाही) अपने आपको बेलचे की चोट से कठिनाई से बचा पाया।

"परन्तु तुम्हें अपना मतलब बताना होगा क्योंकि इससे मुझे चोट पहुंची है। कोई भी अकेली लड़की मेरा प्रतिकार नहीं कर सकती, मैं तुम्हें विश्वास दिलाता हूं। तुम इतनी अपमानजनक बातें करते हो!"

उसे वास्तव में चोट लगी थी। हो सकता था कि उसके पास केवल औरतों को बहकाने के अतिरिक्त और कोई ऐसा काम न हो जिस पर वह गर्व कर सके। संभवतः उसमें इसी बात के लिए जीवित रहने की क्षमता हो, केवल एक ही वस्तु, जिसके कारण वह अपने आपको आदमी समझता था। कुछ आदमी ऐसे होते हैं जो जीवन में सर्वोत्तम और उच्चतम की आत्मा या शरीर का एक प्रकार का रोग समझते हैं और जिसको साथ लेकर अपना सारा जीवन व्यतीत करते हैं; अपने साथियों से इसकी शिकायत करते हैं और शिकायत से उनका ध्यान अपनी ओर आकर्षित करते हैं। उनका यही एकमात्र ढंग है, जिससे वे अपने साथियों की सहानुभूति प्राप्त करते हैं, इसके अतिरिक्त कुछ नहीं। उनके इस रोग को दूर करने के लिए उपचार किया जाए तो वे नाराज हो जाते हैं, क्योंकि उनसे वह चीज ले ली जाती है जिन पर उनका जीवन आधारित है और इस प्रकार वे खाली-से हो जाते हैं। कभी-कभी एक आदमी का जीवन इतना खाली हो जाता है कि वह बुराई को अनैच्छिक महत्त्व देने लग जाता है, उसे ही अपना लेता है और कहता है कि आदमी खालीपन में ही बुरा बनता है।

सिपाही क्रोधित हुआ और पुनः ऊंची आवाज में नानबाई से मांग की-

"तुम्हें बताना होगा कि तुम्हारा क्या मतलब है?"

"बताऊं क्या?" नानबाई जल्दी से मुड़ा।

"ठीक है, बताओ।"

"क्या तुम तानिया को जानते हो?"

"हां, तो इससे क्या?"

"ठीक है, उस पर प्रयत्न करो। बस, इतना ही।"

"मैं?"

"हां, तुम।"

"फूह, यह तो आंखें झपकाने की तरह आसान काम है।"

"देखेंगे हम।"

"तुम देखोगे? हा, हा, हा!"

"वह तुम्हें वापस भेज देगी।"

"मुझे एक महीना दो।"

"तुम कितने घमंडी हो, सिपाही!"

"तुम मुझे दो सप्ताह दो! मैं तुम्हें दिखा दूंगा; किसी-न-किसी तरह से; यह तानिया है कौन? फूह!"

"एक तरफ हो जाओ, मेरा हाथ रोक रहे हो?"

"दो सप्ताह...बस, हो गया समझो। तुम..."

"एक तरफ हो जाओ, मैं कह रहा हूं।"

हमारे नानबाई को एकाएक तीव्र कोप का दौरा पड़ा और उसने बेलचा हवा में घुमाया। सिपाही विस्मित होकर शीघ्र ही उससे जरा दूर हट गया। उसने क्षण भर के लिए चुप होकर हमें देखा और फिर शांति से ईर्ष्यापूर्वक कहा, "बहुत अच्छा!" तत्पश्चात् वह चला गया।

किसी ने नानबाई को पुकारा-

"यह गंदा काम है, जो तुमने शुरू किया है, पागल!"

"तुम अपना काम करो!" नानबाई ने गुस्से में उत्तर दिया।

हमने महसूस किया कि सिपाही को बात चुभ गई थी और कि तानिया को भय की धमकी दी गई थी। इसके होते हुए भी हम आनंद से, जलते हुए कौतूहल से यह जानने के लिए जकड़े गए कि क्या होगा! क्या तानिया सिपाही का प्रतिकार करेगी? और सभी भरोसे से बोले, "तानिया जरूर प्रतिकार करेगी। तानिया को लेने के लिए केवल खाली हाथों से कुछ और ज्यादा की जरूरत होगी।"

हमारे अंदर और देवी की शक्ति को परखने की तीव्र जिज्ञासा उत्पन्न हुई। हमने एक-दूसरे को मनाने की भरसक कोशिश की कि हमारी देवी इस अग्निपरीक्षा में अवश्य अपराजित सिद्ध होगी। अब हमें अनुभव हुआ कि हमने सिपाही को पर्याप्त रूप से नहीं उकसाया था। हमें डर था कि संभवतः वह इस झगड़े को भूल जाएगा और निश्चय किया कि उसके अहंकार को और आघात पहुंचाई जाए। उस दिन विशेषकर हमारा मन खिंचा-खिंचा और उद्विग्न हो गया। हम सारा दिन एक दूसरे से वाद-विवाद करते रहे। ऐसा प्रतीत होता था कि हमारे मस्तिष्क स्पष्ट हो गए हों और हमारे पास करने के लिए अधिक-से-अधिक बातें हों। ऐसा लगता था कि हम पिशाच से कोई खेल-खेल

रहे थे और तानिया हमारे लिए दांव थी। जब हमने डबलरोटी बनाने वालों से सुना कि सिपाही ने तानिया से मेल-मिलाप शुरू कर दिया है तो हमारे अंदर पीड़ायुक्त मीठी सनसनी दौड़ गई और हमें जीवन इतना रुचिकर लगा कि हमें यह भी पता नहीं चला कि हमारी सामान्य उत्तेजना का लाभ उठाकर हमारे मालिक ने गूंधे आटे के चौदह और पेड़े कब हमारे दिन के काम में जोड़ दिए। सारे दिन तानिया के नाम ने हमारे होंठों को नहीं छोड़ा और प्रति सुबह हमने अजीब अधीरता से उसकी प्रतीक्षा की। कभी-कभी ऐसा लगता था कि वह सीधी हमारे कमरे में आना चाहती थी- और वह पुरानी तानिया न होकर हमें कोई अजीब और नई लगती थी।

लेकिन हमने अपने नए झगड़े के बारे में उसको नहीं बताया। हमने उससे कोई प्रश्न नहीं पूछा और पहले की तरह ही उससे दयालुता और गंभीरता से व्यवहार किया, परन्तु उसके बारे में हमारी सोच में कुछ नई और अजीब चीज आ गई थी; और यह नई चीज थी- मर्मभेदी हैरानी-तेज और ठंडी, लोहे के चाकू की तरह।

"समय हो गया, साथियों!" एक प्रातः काल हमारे नानबाई ने अपने काम को रोकते हुए घोषणा की।

उसके याद कराए बिना हम जानते थे, फिर भी हम सबने अपना-अपना काम शुरू कर दिया।

"उसको अच्छी तरह से देखो, वह शीघ्र ही आ रही है!" हमारे नानबाई ने कहना जारी रखा। तभी किसी ने शोकपूर्ण आवाज में कहा, "मानो तुम उसे अपनी आंखों से देख रहे हो।"

और एक बार फिर हमने शोर-शराबे वाली बात शुरू कर दी।

आज हमें जानना था कि अंततः वह बरतन कितना शुद्ध है जिसमें हमने अपनी सारी अच्छाई उड़ेल दी थी। आज हमने पहली बार महसूस किया कि वस्तुतः हम एक बड़ा खेल खेल रहे थे और शुद्धता की यह परीक्षा हमें अपनी देवी से सर्वथा वंचित करके ही समाप्त होगी। तुम सुन चुके थे कि सारे पखवाड़े सिपाही किस प्रकार लगातार तानिया का पीछा करता रहा था; परन्तु हममें से किसी ने भी उससे पूछने के लिए नहीं सोचा था कि उसके प्रति उसका व्यवहार कैसा है; वह हर प्रातः काल क्रेंडल लेने के लिए आती रही और हमारे लिए पहले की तरह थी।

आज के दिन भी हमने उसकी आवाज शीघ्र सुनी-

"कैदियों, मैं आ गई हूं।"

हमने दरवाजा खोल दिया। जब वह अंदर आई तो अपनी सामान्य रीति के विरुद्ध हमने चुप रहकर उसका अभिनंदन किया। हमारी सबकी आंखें उस पर गड़ी थीं। हम नहीं जानते थे कि उससे क्या कहें या क्या पूछें। हम काली, मौन भीड़ के रूप में उसके सामने खड़े थे। वह इस अनजाने स्वागत से स्पष्टतया हैरान हुई। हमने उसे एकाएक पीला पड़ते देखा; वह अशांत हो गई। अपना स्थान बदलते हुए उसने उदास स्वर में पूछा, "तुम इस तरह क्यों हो?"

"और तुम?" नानबाई ने बिना आंखें हटाए गंभीरता से पूछा।

"मेरे साथ क्या हुआ?"

"कुछ नहीं।"

“तो ठीक है, जल्दी करो और क्रेंडल दो।”

पहले कभी भी उसने हमारे साथ जल्दबाजी नहीं की थी।

“तुम्हारे पास काफी समय है!” बिना अपने स्थान से हिले या अपनी आंखें हटाए नानबाई ने कहा।

वह एकाएक मुड़ी और दरवाजे से गायब हो गई।

नानबाई ने अपना बेलचा संभाला और शांत भाव से बोला; जैसे वह भट्ठी से बात कर रहा हो।

“मेरा अनुमान है, यह हो गया है! यह दुराचारी सिपाही, दुष्ट व्यक्ति...!”

बकरियों के झुंड की तरह, एक-दूसरे को धकेलते, बिना काम किए हम मेज पर चुपचाप बैठ गए। जल्दी ही एक ने कहना शुरू किया, “यह असंभव है।”

“चुप रहो!” नानबाई चिल्लाया।

हम जानते थे कि वह सामान्य बुद्धि वाला है और हमसे चतुर है। हमने उसके चिल्लाने को सिपाही की विजय का चिह्न समझा। हम दुःखी और अशांत थे।

खाने के समय बारह बजे सिपाही अंदर आया। वह सामान्य रूप से साफ-सुथरा और अच्छी पोशाक पहने हुए था। उसने सामान्य ढंग से हमें देखा, जिसने हमें कष्ट पहुंचाया।

"ठीक है, मेरे भद्र पुरुषों, तुम देखना चाहोगे कि एक सिपाही क्या कर सकता है? रास्ते में जाओ और छिद्र से झांको...समझते हो क्या?"

हम एक-दूसरे के ऊपर गिरते गए और अपने चेहरे उस दीवार के छिद्र पर जमा दिए जो बाहरी दालान में जाती थी। हमें अधिक प्रतीक्षा नहीं करनी पड़ी। जल्दी ही तेज कदमों के साथ और चिंतित चेहरा लिये पिघली हुई बर्फ और मिट्टी से बनी पोखरी को लांघकर सेहन में से होती तानिया आई। वह तहखाने के दरवाजे में लुप्त हो गई। उसके तुरन्त बाद धीरे-धीरे गुनगुनाता हुआ सिपाही आया और उसका पीछा किया। उसके हाथ उसकी जेबों में थे और मूंछे कांप रही थीं।

वर्षा हो रही थी। हमने बूंदों को पोखरियों में गिरते और गिरकर गोल चक्र बनाते देखा।

यह नमी वाला, भूरा, भोथरा और उदासीन दिन था। छतों पर अभी भी बर्फ जमी हुई थी और भूमि पर कीचड़ के काले टुकड़े पड़े थे। छतों की बर्फ भी नम, भूरी और गंदी थी। वर्षा एक ही आवाज में धीरे-धीरे हो रही थी। प्रतीक्षा ठंडी और थकाने वाली थी।

तहखाने से पहले निकलने वाला सिपाही था। वह सेहन के साथ-साथ धीरे-धीरे चला। उसकी मूंछें कांप रही थीं। और उसके हाथ जेबों में थे जैसे वे हमेशा देखे जाते थे।

फिर तानिया बाहर निकली। उसकी आंखें मारे खुशी के चमक रही थीं और उसके होंठ मुसकराहट से फैल गए थे। वह लड़खड़ाते कदमों से इधर-उधर झूमकर ऐसे चली जैसे नींद में चल रही हो।

यह हमारी सहनशक्ति से बाहर था। हम तुरन्त दरवाजे से सेहन में आए और उस पर बुरी तरह से फुंफकारना और चिल्लाना शुरू कर दिया।

जब उसने हमें देखा तो चलने लग गई और फिर इस तरह से रुकी जैसे उस पर बिजली गिर पड़ी हो। उसके पांव के नीचे कीचड़ था। हमने उसे घेर लिया और बिना रुके क्रोध से अपने गंदे और निर्लज्ज शब्दों में गालियां देने लगे।

हमने इसकी बाबत अधिक शोर नहीं मचाया, क्योंकि वह हमसे भाग नहीं सकती थी और हमें भी जल्दी नहीं थी। हमने केवल उसे घेरकर उसकी दिल खोलकर हंसी उड़ाई। मैं नहीं कह सकता कि हमने उसे पीटा क्यों नहीं! वह अपना सिर

इधर-उधर हिलाती और अपमान को सहती हमारे बीच खड़ी रही। हम अपने गंदे और विषैले शब्दों में उसे गालियां देते रहे।

उसके गालों का रंग उड़ गया, उसकी नीली आंखें, जो क्षण भर पहले प्रसन्न थीं, फैलकर खुल गईं। उसकी सांस जल्दी-जल्दी और तेज चलने लगी तथा होंठ कांपने लगे।

उसे घेरकर हमने इस प्रकार दण्ड दिया जैसे उसने हमें लूट लिया हो। जो भी हममें अच्छाई थी, हम उस पर लुटा चुके थे, भले ही वह सब एक भिखारी की रोटी से अधिक नहीं था; फिर भी हम छब्बीस थे और वह अकेली थी, इसलिए भी हमने उसके दोष को देखते हुए अधिक यातना के बारे में नहीं सोचा था। जब वह आंखें फाड़े घूर रही

थी और सूखे पत्ते की तरह हिल रही थी तो हमने उसे बुरी तरह से अपमानित किया। हम उस पर हसे, गरजे और गुर्राए। कहीं से और लोग भी हमारे साथ मिल गए। एक आदमी ने तानिया की कमीज के बाजू को पकड़कर खींचा।

एकाएक उसकी आंखें चमकीं। उसने धीरे से अपने बाजू ऊपर उठाए, बालों को संवारा और फिर धीरे तथा शांत भाव से सीधे हमारे चेहरों को देखते हुए बोली, "तुम अभागे कैदी।"

और सीधी हमारी ओर आई, मानों हम उसे घेरे खड़े न हों। किसी ने भी उसका रास्ता नहीं रोका, क्योंकि उसको जाने देने के लिए हम एक तरफ हट गए थे।

बिना अपना सिर मोड़े हमारे बीच से जाती हुई वह अवर्णनीय घृणा से ऊंची आवाज में बोली, "तुम जंगली जानवर हो...पृथ्वी की गंदगी!"

और वह चली गई।

हम भूरे और बिना धूप के आकाश के तले वर्षा और कीचड़ में सेहन में ही रह गए।

जल्दी ही हम अपने पत्थरों के गड्ढे में लौट आए। सूर्य पहले की तरह खिड़की से कभी नहीं झांका और तानिया फिर कभी हमारे पास नहीं आई।

तूफ़ानी पक्षी का गीत

समुद्र की रूपहली सतह के ऊपर हवा के झोंकों से तूफ़ान के बादल जमा हो रहे हैं और बादलों तथा समुद्र के बीच तूफ़ानी पितरेल चक्कर लगा रहा है, गौरव और गरिमा के साथ, अंधकार को चीरकर कौंध जाने वाली विद्युत रेखा की भाँति।

कभी वह इतना नीचे उतर आता है कि लहरें उसके पंखों को दुलराती हैं, तो कभी तीर की भाँति बादलों को चीरता और अपना भयानक चीत्कार करता हुआ ऊँचे उठ जाता है, और बादल उसके साहसपूर्ण चीत्कार में अनंदातिरेक की झलक देख रहे हैं। उसके चीत्कार में तूफ़ान से टकराने की एक हूक ध्वनित होती है ! उसमें ध्वनित है उसका आवेग, प्रज्वलित क्षोभ और विजय में उसका अडिग विश्वास।

गंगाचिल्लियाँ भय से बिलख रही हैं पानी की सतह पर तीर की तरह उड़ते हुए, जैसे अपने भय को छिपाने के लिए समुद्र की स्याह गहराइयों में ख़ुशी से समा जाएँगी। ग्रेब पक्षी भी बिलख रहे हैं। संघर्ष

के संज्ञाहीन चरम आह्लाद को वे क्या जानें? बिजली की तड़प उनकी जान सोख लेती है।

बुद्धु पेंगुइन चट्टानों की दरारों में दुबक रहे हैं, जबकि अकेला तूफ़ानी पितरेल ही समुद्र के ऊपर रूपहले झाग उगलती फनफनाती लहरों के ऊपर गर्व से मण्डरा रहा है!

तूफ़ान के बादल समुद्र की सतह पर घिरते आ रहे हैं। बिजली कड़कती है। अब समुद्र की लहरें हवा के झोंको के विरूद्ध भयानक युद्ध करती हैं, हवा के झोंके अपनी सनक में उन्हें लौह-आलिंगन में जकड़ उस समूची मरकत राशि को चट्टानों पर दे मारते हैं और वह चूर-चूर हो जाती है।

तूफ़ानी पितरेल पक्षी चक्कर काट रहा है, चीत्कार कर रहा है। अंधकार चीरती विद्युत रेखा की भाँति, तीर की तरह तूफ़ान के बादलों को चीरता हुआ तेज़ धार की भाँति पानी को काटता हुआ। दानव की भाँति, तूफ़ान के काले दानव की तरह निरन्तर हंसता, निरन्तर सुबकता वह बढ़ा जा रहा है — वह हंसता है तूफ़ानी बादलों पर और सुबकता है अपने अनंदातिरेक से!

बिजली की तड़क में चतुर दानव पस्ती के मंद स्वर सुनता है। उसका विश्वास है कि बादल सूरज की सत्ता मिटा नहीं सकते, कि तूफ़ान के बादल सूरज की सत्ता को कदापि, कदापि नहीं मिटा सकेंगे।

समुद्र गरजता है... बिजली तड़कती है, समुद्र के व्यापक विस्तार के ऊपर तूफ़ान के बादलों में काली-नीली बिजली कौंधती है, लहरें उछलकर विद्युत अग्निबाणों को दबोचती और ठण्डा कर

देती हैं, और उनके सर्पिल प्रतिबिम्ब, हाँफते और बुझते समुद्र की गहराइयों में समा जाते हैं।

तूफ़ान ! शीघ्र ही तूफ़ान टूट पड़ेगा ! फिर भी तूफ़ानी पितरेल पक्षी गर्व के साथ बिजली के कौंधों के बीच गरजते-चिंघाड़ते समुद्र के ऊपर मण्डरा रहा है और उसके चीत्कार में चरम आह्लाद के प्रतिध्वनि है — विजय की भविष्यवाणी की भाँति....

आए तूफ़ान, अपनी पूरी सनक के साथ आए।

नीली आँखों वाली स्त्री

1

सहायक पुलिस-अफ़सर पोदशिबलो उक्रइन का निवासी था - मोटी और उदास प्रकृति। दफ्तर में बैठा वह अपनी मूँछों में बल डाल रहा था और उदास मुँह बनाये खिड़की से बाहर पुलिस स्टेशन के हाते में ताक रहा था। दफ़्तर अँधेरा, दमघोंट और बहुत ही निस्तब्ध था। घण्टे के पेण्डुलम की टिकटिक के सिवा - जो एक सुर से घड़ियाँ गिन रहा था - और कोई आवाज़ नहीं आ रही थी। बाहर अहाता ख़ूब उजला था और बरबस हृदय को खींचता था। उसके बीच में उगे बर्च के तीन वृक्ष भरपूर छाँह किये थे और इस छाँह में पुलिसमैन कुख़ारिन जो अभी अपनी ड्यूटी पूरी करके लौटा था, घास के एक ढेर पर - जो आग बुझाने वाले घोड़ों के लिए वहाँ जमा थी - पड़ा सो रहा था। यही वह दृश्य था जिसने सहायक पुलिस अफ़सर पोदशिबलो का पारा गरम कर दिया था। उसका मातहत सो सकता था जबकि उसे - अभागे चीफ़ को - इस दड़बे में बैठना और दमघोंट हवा में साँस लेना पड़ रहा था। पत्थर की दीवारें गन्ध छोड़ रही थीं। उसने कल्पना की - कितना आनन्द आता अगर वह वहाँ, बर्च वृक्षों की छाया में भीनी

गन्धवाली घास के उस ढेर पर, सो पाता। लेकिन इसका समय कहाँ था? फिर उसका पद भी इसकी इजाज़त नहीं देता था। सो, सोचते-सोचते, उसने अपने बदन को ताना, जम्हाई ली और पहले से और भी अधिक खीझ उठा। उसके हृदय में पुलिसमैन कुख़ारिन को जगाने की इच्छा इतने ज़ोरों से उभरी कि दबाये न दबी।

"एइयू, कुख़ारिन! ऐ सुअर, कुख़ारिन!" वह गरजा।

उसके पीछे का दरवाज़ा खुला और किसी ने भीतर पाँव रखा। पोदिशबलो, पहले की भाँति, खिड़की से बाहर देखता रहा, न तो उसने पलटकर पीछे की ओर देखा और न ही यह जानने के लिए ज़रा-सी भी उत्सुकता प्रकट की कि कौन आया है और दरवाज़े के रास्ते में खड़ा अपने बोझ से फ़र्श के तख़्ते को चरचरा रहा है। कुख़ारिन पर उसके गरजने का कोई असर नहीं हुआ, वह कसमसाया तक नहीं। वह गहरी नींद में सो रहा था। अपने हाथ का उसने तकिया लगा रखा था, और उसकी दाढ़ी ऊपर को नोक किये आकाश से बतिया रही थी। सहायक पुलिस अफ़सर को लगा जैसे उसके मातहत के खर्राटे भरने की आवाज़ उसकी खिल्ली-सी उड़ा रही हो, झपकी लेने की उसकी अपनी इच्छा को उकसा रही हो और ऐसा न कर सकने पर उसे कोंच और कुरेद रही हो। इससे उसकी खीझ और भी तेज़ हो गयी। उसके जी में हुआ कि अभी उठकर जाये और कुख़ारिन की मोटी तोंद पर कसकर एक लात जड़े, फिर उसकी दाढ़ी पकड़कर खींचता हुआ उसे साये से बाहर ले आये और झुलसा देने वाली धूप में खड़ा कर दे।

"एइयू, वहाँ पड़ा खर्राटे भर रहा है। सुनता नहीं!"

"हुकुम, सरकार, ड्यूटी पर अब मैं हूँ," उसके पीछे से एक नर्म आवाज़ आयी।

पोदशिबलो घूम गया और उस पुलिसमैन पर अपनी चौंधिया देने वाली नज़र जमा दी जो सूनी आँखों से, दीदे फाड़े, उसकी ओर ऐसे देख रहा था कि कब हुकुम मिले जिसकी तामील में वह तुरत ज़मीन-आसमान एक कर दे।

"क्या मैंने तुम्हें बुलाया था?"

"नहीं, सरकार।"

"क्या तुम्हारी पेशी थी?" पोदशिबलो ने अपनी आवाज़ तेज़ की और अपनी कुर्सी में बल खाने लगा।

"नहीं, सरकार।"

"तब, अपनी खोपड़ी की ख़ैर चाहते हो तो यहाँ से फ़ौरन जहन्नुम रसीद हो जाओ!" उसका बायाँ हाथ किसी ऐसी चीज़ की टोह में मेज़ पर पहुँचा जिससे उसकी खोपड़ी की मरम्मत की जा सके और दाहिना हाथ मज़बूती से कुर्सी की पीठ को दबोचे था। लेकिन पुलिसमैन दरवाज़े में से चुपचाप पहले ही ग़ायब हो गया। उसका इस तरह जाना सहायक पुलिस अफ़सर को नहीं रुचा, उसे यह असभ्यतापूर्ण मालूम हुआ। इसके अलावा उसके लिए अपनी खीझ उतारना भी बेहद ज़रूरी था जिसे दफ़्तर की उमस, काम के बोझ, सोते हुए कुख़ारिन, आने वाले मेले और अन्य कितनी ही अप्रिय बातों ने बिना बुलाये दिमाग़ में घुसकर उकसा दिया था।

"इधर आओ!" वह दरवाज़े में से चिल्लाया।

पुलिसमैन लौट आया और दरवाज़े में तनकर खड़ा हो गया। उसके चेहरे पर भय का भाव झलक उठा था।

“बेवक़ूफ़!” पोदशिबलो गुर्राया, “आँगन में जाओ और उस गधे के बच्चे कुख़ारिन को जगाकर कहो कि थाने का आँगन खर्राटे भरने की जगह नहीं है। बस, दफ़ा हो जाओ!”

“अच्छा, सरकार। एक स्त्री थाने में आयी है और...”

“क्या-आ-आ?”

“एक स्त्री...”

“कैसी स्त्री?”

“लम्बा क़द...”

“बेवक़ूफ़! वह क्या चाहती है?”

“आपसे मिलना...”

“पूछो, क्यों मिलना चाहती है। जाओ!”

“मैंने पूछा था। लेकिन उसने नहीं बताया। कहने लगी, वह ख़ुद सरकार से बात करना चाहती है।”

“अजीब मुसीबत हैं ये स्त्रियाँ भी। उसे यहाँ लिवा लाओ। क्या वह युवती है?”

“हाँ, सरकार!”

“अच्छा, उसे पेश करो। लेकिन जल्दी,” पोदशिबलो ने नर्म पड़ते हुए कहा। वह तनकर बैठ गया और मेज़ पर पड़े काग़ज़ों को उलटने-पलटने लगा।

उसने अपने उदास चेहरे पर अफ़सरियत का कठोर नक़ाब धारण कर लिया।

पीछे से स्त्री के स्कर्ट के सरसराने की आवाज़ सुनायी दी।

उसने आधा मुड़कर अपनी आसामी की ओर देखा और पैनी नज़र से उसका जायज़ा लेते हुए बोला, "मैं तुम्हारे लिए क्या कर सकता हूँ?"

बिना कुछ कहे, सिर झुकाये, उसने अभिवादन किया और धीरे-धीरे मेज़ की ओर तैर चली। उसकी भौंहें खिंची थीं और अपनी गम्भीर नीली आँखों से वह अफ़सर की ओर देख रही थी। निम्न मध्य वर्ग की स्त्री की भाँति वह मामूली और सीधे-सादे कपड़े पहने थी। उसके सिर पर एक शॉल पड़ा था और वह कन्धों पर बिना आस्तीन का एक भूरा लबादा डाले थी जिसके छोरों को वह अपने छोटे-छोटे सुन्दर हाथों की नाज़ुक उँगलियों से बराबर मसोस रही थी। उसका क़द लम्बा, बदन गुदगुदा और वक्ष ख़ूब भरे-पूरे थे। उसका माथा ऊँचा और अधिकांश स्त्रियों से ज़्यादा गम्भीर और कठोर था। उसकी उम्र सत्ताईस के क़रीब मालूम होती थी। वह बहुत ही धीरे-धीरे और विचारों में डूबी मेज़ की ओर बढ़ रही थी, मानो मन ही मन कह रही हो,

"क्या उल्टे पाँव लौट जाना अच्छा न होगा?"

"नमूना बढ़िया है, जिसे निशाना बनाये, उड़ा दे!" पहली ही झलक में पोदशिबलो ने सोचा, "मुसीबत की पुड़िया!"

"मैं जानना चाहती हूँ", हरी और समृद्ध आवाज़ में उसने कहना शुरू किया और फिर रुक गयी। उसकी नीली आँखें दुविधा में अफ़सर के गलमुच्छेदार चेहरे पर टिकी थीं।

"बैठ जाओ। अब बोलो, तुम क्या जानना चाहती हो?"

पोदशिबलो ने अफ़सरी अन्दाज़ में पूछा और मन ही मन सोचा, "है बढ़िया, पूरी रसभरी!"

"मैं उन कार्डों के लिए आयी हूँ," उसने कहा।

"कैसे कार्ड, रिहाइश के?"

"नहीं, वे नहीं।"

"तो फिर कौन से?"

"वे, जो...उन्हें दिये जाते हैं...स्त्रियों को," उसने अटकते और लाज से लाल पड़ते हुए कहा।

"स्त्रियाँ? कैसी स्त्रियाँ? क्या मतलब है तुम्हारा?" अपनी भौंहों को उठाते और छेड़छाड़ के भाव से मुस्कुराते हुए पोदशिबलो ने पूछा।

"दूसरे प्रकार की स्त्रियाँ...वे, जो सड़कों पर घूमती हैं...रात को।"

"तक! तक! तक! तुम्हारा मतलब यह कि वेश्याएँ?" पोदशिबलो की बत्तीसी खिल गयी।

"हाँ, मेरा मतलब यही है", स्त्री ने एक गहरी साँस ली और मुस्कुरायी भी, मानो अब, जबकि वह शब्द उच्चारित हो चुका, उसका काम आसान हो गया।

"अरे, यह तुम क्या कहती हो? हाँ तो?..." पोदशिबलो ने उसे फिर उकसाया। वह किसी दिलचस्प रहस्य के प्रकट होने की आशा कर रहा था।

"हाँ, मैं उसी तरह के कार्डों के सिलसिले में आयी हूँ", स्त्री ने कहना शुरू किया और एक आह भरकर तथा अपने सिर को अजीब ढंग से झटका देते हुए, जैसे किसी ने उस पर आघात किया हो, कुर्सी पर ढह गयीं।

"समझा। सो तुम चकला चलाने की बात सोच रही हो?"

"नहीं, मैं ख़ुद अपने लिए एक कार्ड चाहती हूँ," - और उसका सिर झुकता चला गया - काफ़ी नीचे तक।

"ओह! तुम्हारा पुराना कार्ड कहाँ है?" अपनी कुर्सी को उसकी कुर्सी के और अधिक निकट खिसकाते और उसकी कमर की ओर अपना हाथ बढ़ाते हुए पोदशिबलो ने पूछा। उसकी एक आँख बराबर दरवाज़े पर टिकी थी।

"कैसा पुराना कार्ड? मेरे पास कोई कार्ड-वार्ड नहीं है," पैनी नज़र से उसने उसकी ओर देखा, लेकिन उसके हाथ के स्पर्श से बचने का कोई प्रयत्न नहीं किया।

"सो तुम लुक-छिपकर धन्धा करती थीं, क्यों? बिना नाम दर्ज कराये? कितनी ऐसा करती हैं। लेकिन अब तुम नाम दर्ज कराना चाहती हो। यह ठीक है। अधिक सुरक्षित", उसे बढ़ावा देते और उसके बदन पर और भी अधिक खुलकर हाथ डालते हुए पोदशिबलो ने कहा।

"मैंने पहले कभी यह धन्धा नहीं किया," स्त्री के मुँह से निकला और उसने अपनी आँखें झुका लीं।

"क्या सचमुच? यह कैसे हो सकता है? मेरी समझ में नहीं आता," अपने कन्धों को बिचकाते हुए पोदशिबलो ने कहा।

"मैंने इस पर अभी सोचना शुरू किया है। पहली बार मेले में यहाँ आने पर," धीमी आवाज़ में, अपनी आँखों को उठाये बिना, स्त्री ने स्पष्ट किया।

"सो यह बात है," पोदशिबलो ने अपना हाथ उसकी कमर पर से हटा लिया, अपनी कुर्सी को फिर वापस खिसकाया और पीठ से कमर टिकाकर बैठ गया, खोया हुआ-सा।

दोनों के दोनों चुप थे।

"तो यह बात है। ठीक। तुम चाहती हो...ऊँह...यह ग़लत है। बेशक ग़लत है। और कठिन है। यानी, देखो न...लेकिन आख़िर... हाँ तो...बड़ी अजीब बात है...अगर सच पूछो तो मेरी समझ में नहीं आता कि तुम कैसे वह सब कर सकोगी। यानी, अगर तुम सचमुच वही करना चाहती हो जो तुम कहती हो।"

सहायक पुलिस अफ़सर अनुभवी था। उसने देखा कि सचमुच में बात ऐसी ही है। वह इतनी सहज, स्वस्थ और भली थी कि वह उस बदनाम धन्धे की सदस्या नहीं बन सकती थी। इस धन्धे के चिह्नों का, जो कि हर वेश्या के चेहरे पर अंकित होते हैं - चाहे वह कितनी ही नौसिखिया या अनुभवहीन क्यों न हो, उसमें अभाव था।

"आप सच कहते हैं," उसके मुँह से निकला और विश्वास में उमड़कर उसकी ओर झुक गयी, "सच, मेरा रोम-रोम इसका साक्षी है। क्या मैं झूठ बोलूँगी, मैं, जो इस घिनौने धन्धे तक को अपनाने का एकबारगी निश्चय कर चुकी हूँ? निश्चय ही नहीं। लेकिन मुझे धन पैदा करना है। मैं विधवा हूँ। मेरा पति - वह अगन-बोट चलाता था -

पिछले अप्रैल में बर्फ़ तड़कने से डूबकर मर गया। मेरे दो बच्चे हैं - नौ साल का एक लड़का और सात साल की एक छोटी-सी लड़की। और पैसा एक नहीं। सगे-सम्बन्धी भी कोई नहीं। जब मेरा विवाह हुआ, मैं अनाथ थी। मेरे पति के सम्बन्धी बहुत दूर रहते हैं और वे मुझे भिखारी से अधिक नहीं गिनते। मैं किसका मुँह देखूँ? मैं कोई मज़ूरी कर सकती थी, इसमें शक नहीं। लेकिन मुझे काफ़ी धन चाहिए, इतना अधिक, जितना कि मज़ूरी से मुझे कभी नहीं मिल सकता। मेरा लड़का स्कूल में पढ़ता है। मेरा ख़याल है कि उसकी फीस माफ़ कराने के लिए मैं दरख़्वास्त दे सकती हूँ। लेकिन उस पर - मेरी जैसी अकेली स्त्री की दरख़्वास्त पर - कौन ध्यान देगा? और वह, इतना छोटा होते हुए भी, बहुत ही होशियार लड़का है। उसे स्कूल से उठाना अत्यन्त बुरा होगा। और मेरी छोटी लड़की, उसके लिए भी दुनियाभर की चीज़ें चाहिए। जहाँ तक खरे धन्धों का सवाल है, वे मिलते ही कहाँ हैं? और अगर कोई मिल भी जाये तो क्या कुछ मैं पाऊँगी और उससे क्या कुछ मैं कर सकूँगी? अगर बावर्ची का काम करूँ? महीने में केवल पाँच रूबल हाथ लगेंगे। यह काफ़ी नहीं है। क़तई काफ़ी नहीं है। जबकि इस धन्धे में, अगर स्त्री का भाग्य चमक उठे तो, वह इतना अधिक पैदा कर सकती है कि अपने परिवार का पूरे एक साल तक पेट भर सकती है। पिछले मेले में हमारे गाँव की एक स्त्री ने चार सौ से भी ज़्यादा रूबल बनाये थे। धन के इस अम्बार के बल पर उसने जंगलों के वार्डेन से शादी कर ली और अब कुलीन घराने की स्त्री की भाँति जीवन बिताती है। ख़ूब मौज से रहती है। अगर उसने वह न किया होता - उसकी लाज पर वह दाग़ न लगा होता। लेकिन तुम ख़ुद निर्णय करो। मुझे लगता है कि यह भाग्य का खेल है। हमेशा भाग्य ही सब कराता है। और जब यह विचार मेरे दिमाग़ में जम गया है, मैं समझती हूँ कि भाग्य मुझसे यही कराना चाहता है। अगर मैं धन पैदा कर लेती हूँ -

अन्त भला तो सब भला, और अगर सिवा दुख और कलंक के और कुछ हाथ नहीं लगता - तो मेरा भाग्य! इस तरह मैं इसे देखती हूँ।"

पोदशिबलो उसके हर शब्द को पकड़ रहा था, उसके लिए जैसे उसका सम्पूर्ण चेहरा बोल रहा था। पहले उसके चेहरे पर भय की एक झलक दिखी, लेकिन धीरे-धीरे उस दृढ़ निश्चय का भाव उसके चेहरे पर झलकने लगा।

सहायक पुलिस अफ़सर बड़ी बेचैनी का और एक हद तक सकपकाहट का भी अनुभव कर रहा था।

पहली बार उसे देखने पर उसके हृदय में आशंका उठी थी और उसने सोचा था, "इस जैसी स्त्री के हाथों किसी बेवक़ूफ़ के फँसने भर की देर है, यह जीते जी उसकी खाल उतार लेगी और उसकी हड्डियों पर ज़रा-सा भी मांस नहीं रहने देगी," - लेकिन अब - उसकी कहानी सुनने के बाद - उसने रूखी आवाज़ में कहा -

"मुझे दुख है कि मैं तुम्हारे लिए कुछ नहीं कर सकता। चीफ़ आफ पुलिस के पास अपनी दरख़्वास्त भेजो। यह उसका काम है - और डॉक्टरी कमीशन का। मेरा इससे कोई वास्ता नहीं है।"

वह अब उससे छुटकारा पाना चाहता था। वह तुरत खड़ी हो गयी, अभिवादन में यूँ ही ज़रा-सा सिर उसने झुकाया और धीरे-धीरे दरवाज़े की ओर तैर चली। पोदशिबलो, अपने होंठों को कसकर भींचे और आँखों को सिकोड़े, उसे जाता हुआ देखता रहा। उसकी पीठ पर थूकने से अपने को रोकने के लिए इसके सिवा वह और कर भी क्या सकता था?

"सो मुझे चीफ़ ऑफ़ पुलिस के पास जाना चाहिए?" दरवाज़े

तक पहुँचने पर उसने घूमकर पूछा। उसकी नीली आँखें शान्त संकल्प की दृढ़ता से उसे देख रही थीं और उसके माथे पर एक गहरी कठोर रेखा खिंची थी।

"हाँ, ठीक है," पोदशिबलो ने तुरत जवाब देकर उसे निबटा दिया।

"अच्छा तो विदा। धन्यवाद," और वह बाहर निकल गयी।

सहायक पुलिस अफ़सर ने मेज़ पर अपनी कोहनियाँ टिका दीं। और वहाँ बैठा सीटी की आवाज़ में मन ही मन दसेक मिनट तक कुछ गुनगुनाता रहा।

"कुतिया, एह!" अपना सिर उठाये बिना वह ज़ोर से बड़बड़ा उठा, फ्बच्चे! भला बच्चों का इससे क्या वास्ता? ऊँह, हरजाई कहीं की!"

और एक बार फिर वह चुप हो गया, काफ़ी देर के लिए।

"लेकिन यह जीवन कौन कम हरजाई है, उसने जो कुछ कहा अगर वह सच है तो। वह आदमी को अपनी कनकी उँगली पर नचाता है। सच्चा आदमी भी क्या करे, कहाँ सिर पटके?

और फिर, एक क्षण रुककर, अपने मस्तिष्क की कारगुज़ारी की अन्तिम आहुति के रूप में, उसने एक गहरी साँस ली, अपनी उँगलियों को चटखाया और ज़ोरों के साथ यह उद्गार प्रकट किया -

"दगाबाज़"

"क्या आपने मुझे बुलाया था?", डयूटी पर तैनात पुलिसमैन फिर दरवाज़े पर आ खड़ा हुआ।

"थू!..."

"क्या आपने मुझे बुलाया था, सरकार?"

"दफ़ा हो जाओ!"

"अच्छा, सरकार।"

"बेवक़ूफ़!" पोदशिबलो के मुँह से निकला और खिड़की से बाहर उसने नज़र डाली।

कुख़ारिन अभी भी घास के ढेर पर सो रहा था। स्पष्ट ही ड्यूटी पर तैनात पुलिसमैन उसे जगाना भूल गया था।

लेकिन सहायक पुलिस अफ़सर की झुँझलाहट ग़ायब हो चुकी थी, सोते हुए पुलिसमैन को देखकर अब उस पर ज़रा-सा भी असर नहीं हुआ। किसी चीज़ ने उसे आतंकित कर दिया था। उस स्त्री की शान्त नीली आँखें उसकी कल्पना में तैर रही थीं। वे उसका पीछा नहीं छोड़ रही थीं। दृढ़ निश्चय के साथ सीधे उसकी ओर ताक रही थीं। इसने उसका हृदय बैठा दिया था और वह एक बेचैनी का अनुभव कर रहा था।

घड़ी पर उसने एक नज़र डाली, अपनी पेटी को उसने कसा और फिर दफ्तर से बाहर हो गया।

"लगता है कि उससे फिर किसी समय मेरी भेंट होगी, भेंट होकर रहेगी," वह बुदबुदा उठा।

2

और उसकी भेंट हुई।

साँझ का वक्त था। बड़े दफ्तर के सामने वह ड्यूटी पर खड़ा था। तभी, कोई पाँच डग दूर, उसकी नज़र उस पर पड़ी। वह चौक की ओर जा रही थी

- वैसे ही धीरे-धीरे, जैसे तैर रही हो। उसकी नीली आँखें सीधे सामने की ओर ताक रही थीं और उसकी समूची आकृति में, जो इतनी ऊँची और कमनीय थी, उसके पृष्ठ-भाग और वक्षों की हरक़त में, उसकी आँखों के उस निस्संग भाव में ऐसा कुछ था जो किसी को पास नहीं फटकने देता था। उसकी भौहों की गहरी रेखा ने, जो भाग्य के सामने अत्यन्त निरीहता की सूचक थी और जो अब - उस वक्त की तुलना में, जबकि पहली बार उसने उसे देखा था, कहीं अधिक प्रत्यक्ष मालूम होती थी, उसके गोल रूसी चेहरे को अत्यन्त कठोर बनाकर बिगाड़ दिया था।

पोदशिबलो ने अपनी मूँछों को ऐंठा, मनोरंजक कल्पनाओं में रम गया और निश्चय किया कि वह उसे अपनी आँखों की ओट नहीं होने देगा।

"ज़रा ठहर तो, शैतान की पुड़िया कहाँ भागी जाती है!" मन ही मन उसने उसे चुनौती दी।

इसके पाँच मिनट बाद चौक में पड़ी एक बेंच पर वह उसकी बग़ल में बैठा था।

"क्यों , मुझे पहचाना नहीं?" उसने मुस्कुराते हुए पूछा।

उसने अपनी आँखें उठाईं और शान्त भाव से उस पर एक नज़र डाली।

"पहचाना। कहो, कैसे हो?" उसने खिन्न आवाज़ में कहा और उसे अपना हाथ तक नहीं भेंट किया।

"तुम सुनाओ, कैसे चल रहा है? क्या तुम्हें अपना कार्ड मिल गया?"

"यह रहा," और वह, उसी निस्संग भाव से, अपने कपड़ों की जेब टटोलने लगी।

इससे वह अचकचा उठा।

"अरे नहीं, उसे दिखाने की ज़रूरत नहीं। मैं तुम्हारा यक़ीन करता हूँ। इसके अलावा, मुझे कोई अधिकार नहीं है...मतलब यह कि...कैसे गुज़र रही है?" और इस प्रश्न के मुँह से निकलते ही उसने मन ही मन कहा, "जहन्नुम में जाये, मेरी बला से! और यह लाग-लपेट और अगल-बग़ल से ताँक-झाँक कैसी? क्या उसे छूते डर लगता है? सुनो, पोदशिबलो, क्यों नहीं एकदम खुलकर सीधे क़िस्सा पार कर लेते!"

लेकिन, इन तथा इस तरह की अन्य बातों से अपनेआप को लाख बढ़ावा देने पर भी, वह 'एकदम खुलकर सीधे क़िस्सा पार' नहीं कर सका। उस स्त्री में कुछ था जो आदमी को एक निश्चित प्रसंग को छेड़ने से रोकता है।

"कैसे गुज़र रही है? कोई ख़ास बुरी नहीं, भला हो उस..." वह आगे नहीं बोल सकी। उसके गाल शर्म से लाल हो उठे।

"तब तो बहुत अच्छा है। बधाई। लेकिन इस धन्धे को निभाना बड़ा कठिन है, जब तक कि उसकी आदत न पड़ जाये। क्यों, ठीक है न?"

सहसा वह उसकी ओर झुक गयी - सफ़ेद और बल खाता हुआ चेहरा, गोल मुँह, लगता था जैसे वह रोने के लिए उमड़-घुमड रही हो, लेकिन वह उसी प्रकार सहसा पीछे भी हट गयी - अपनेआप को पीछे खींचकर वह फिर वैसी ही निस्संग हो गयी।

"ठीक है। मैं इसकी अभ्यस्त भी हो जाऊँगी," उसने सुस्पष्ट और समतल आवाज़ में कहा, फिर रूमाल निकालकर ज़ोरों से अपनी नाक साफ़ की।

उसका सामीप्य, उसका हिलना-डोलना और उसकी शान्त निश्चल नीली आँखें, पोदशिबलो को ऐसा मालूम हुआ जैसे वह भीतर ही भीतर किसी अतल गहराई में डूबा जा रहा हो।

उसकी घबराहट सीमा पार कर चली। वह बैठा न रह सका। वह उठ खड़ा हुआ और बिना एक शब्द मुँह से निकाले उसने अपना हाथ बढ़ा दिया।

"अच्छा तो अब विदा," उसने धीमे से कहा।

उसने अपना सिर हिलाया और तेज़ डग भरता तथा अपनी बेवक़ूफ़ी पर अपने को कोसता वहाँ से चल दिया।

"लेकिन ज़रा ठहरो, मेरी शरीफ़ पतुरिया। तुमने अभी मेरा रंग नहीं देखा। एक दिन, जब तुम्हें पता चलेगा कि मैं क्या हूँ, तो भूल जाओगी अपने हवाई घोड़े पर सवार होना!" वह मन ही मन बड़बड़ाया और साथ ही उसने यह भी अनुभव किया कि वह व्यर्थ ही उस पर अपना बुखार उतार रहा है। और इससे वह और भी अधिक झुँझला उठा।

3

अगले सप्ताह, एक दिन साँझ के समय, पोदशिबलो कारवाँ-सराय से साइबेरियाई घाट की ओर जा रहा था। तभी गाली-गलौज, स्त्रियों की चीख़-चिल्लाहट तथा अन्य कुत्सित आवाज़ें सुनकर वह रुक गया। ये आवाज़ें एक क़हवाख़ाने की खिड़की में से आ रही थी।

"मदद! पुलिस!" किसी स्त्री की मरमराती आवाज़ आयी। अचानक घूँसों की घनघनाहट, मेज़-कुर्सियों की उठा-पटक और इन सब आवाज़ों को डुबाती हुई एक आदमी की गहरी आवाज़।

"ख़ूब, बहुत ख़ूब! और, एक बार और सीधे थूथनी पर!" वह ज़ोरों से चिल्ला- चिल्लाकर उकसा रहा था।

सहायक पुलिस अफ़सर तेज़ी से दौड़कर सीढ़ियों पर चढ़ गया, क़हवाख़ाने के दरवाज़े पर जमा तमाशा देखने वालों की भीड़ को धकियाता भीतर घुसा और यह दृश्य उसने देखा -

नीली आँखों वाली उसकी परिचित स्त्री एक मेज़ पर पड़ी अपने बायें हाथ से एक अन्य स्त्री के बालों को दबोचे थी और दाहिने हाथ से उस स्त्री के सूजे हुए मुँह पर तेज़ और निर्मम घूँसों की बौछार कर रही थी।

अपनी नीली आँखों को वह बेरहमी से सिकोड़े थी और उसके होंठ कसकर भिचे हुए थे। उसके मुँह के छोरों से ठोड़ी तक दो गहरी रेखाएँ खिंची थी और उसका चेहरा - जो कभी इतना विकारशून्य था कि देखकर अचरज होता था - अब बनैले जन्तु की भाँति निर्मम गुस्से से तमतमा रहा था, एक ऐसे जीव का चेहरा, जो एक सहजाति को दारुण यन्त्रणा देने और इसमें आनन्द लेने के लिए तत्पर था।

जिस स्त्री पर वह प्रहार कर रही थी, वह केवल धीमी आवाज़ में भुनभुना रही थी, अपने को छुड़ाने का प्रयत्न कर रही थी और हवा में अपनी बाँहें छटपटा रही थी।

पोदशिबलो को ऐसा अनुभव हुआ जैसे उसका समूचा रक्त तेज़ी से दिमाग़ की ओर दौड़ रहा हो। किसी से किसी चीज़ का बदला लेने की अन्धी इच्छा से वह उतावला हो उठा और तेज़ी से आगे लपककर, क्रोध से पागल उस स्त्री की कमर को दबोच, उसे अलग खींच लिया।

मेज़ उलट गयी। रकाबियाँ झनझनाकर फ़र्श पर जा गिरी। दर्शकों की बनैली चीख़ें और हँसी गूँज उठी।

गुस्से और झुँझलाहट में पोदशिबलो की आँखों के सामने सभी काट-छाँट के चेहरे कौंध गये - हँसते हुए और लाल। स्त्री को वह अपनी बाँहों में दबोचे था और वह हाथ-पाँव पटक रही थी। वह उसके कानों के पास अपना मुँह ले गया और फुंकार उठा -

"सो यह तुम हो, क्यों? इस तरह तमाशा खड़ा करती, उत्पात मचाती?"

नीली आँखों वाली स्त्री की शिकार - दूसरी स्त्री - टूटी रकाबियों

के बीच फ़र्श पर पड़ी सुबकियाँ भर रही थी और सुध-बुध भूलकर कलप रही थी।

नाटे क़द का एक चपल आदमी, जो लम्बा कोट पहने था, पोदशिबलो को घटना का विवरण बता रहा था -

"बात यह हुई, सरकार, कि उसने, जो वहाँ पड़ी है, इसे गाली दी। कहा - 'हरजाई, कुतिया!' सो इसने उसके एक तमाचा जड़ दिया और उसने इस पर चाय का गिलास फेंक मारा, और तब इसने उसका झोंटा पकड़कर चित कर दिया और - धमाधम! एक के बाद एक धमाधम! इसने उसे ऐसी मार पिलाई कि कोई भी उस पर गर्व कर सकता है। सच, बड़े मज़बूत पुट्ठे हैं इसके - इस स्त्री के।"

"मज़बूत पुट्ठे - क्यों?" स्त्री को अपनी बाँहों में और भी ज़्यादा कसते हुए पोदशिबलो गरजा और ख़ुद उसका हृदय किसी से जूझने की भयानक इच्छा से विह्वल हो उठा।

लाल गरदन और चौड़ी पीठ वाला एक आदमी - खिड़की से बाहर अपनी गरदन निकाले और हास्यजनक ढंग से अपनी चौड़ी पीठ को कमान बनाये

- नीचे सड़क की ओर चिल्लाया -

"ऐ कोचवान, इधर आओ!"

"चलो अब। पुलिस स्टेशन चलो। दोनों की दोनों। एइयू, उठकर खड़ी हो...और तुम कहाँ मर रहे थे अब तक? अपनी ड्यूटी का कुछ ख़याल नहीं?

बेवक़ूफ़! ले जाओ इन्हें थाने, जल्दी करो। दोनों की दोनों को, समझे!"

पुलिसमैन पहले एक के और फिर दूसरी के बदन में डण्डा गड़ाता बहादुरी के साथ उन्हें खदेड़ ले गया।

"कनयक और सोडा-वाटर, जल्दी लाओ - चटपट!" खिड़की के पास एक कुर्सी पर ढहते हुए पोदशिबलो ने बैरा से कहा। थकान और हर किसी से तथा हर चीज़ से वह झुँझलाहट का अनुभव कर रहा था।

***

अगली सुबह वह उसके सामने खड़ी थी - वैसी ही शान्त और दृढ़ जैसी कि वह पहली भेंट के समय थी। वह अपनी नीली आँखों से सीधे उसकी ओर देख रही थी और उसके बोलने की प्रतीक्षा कर रही थी।

पोदशिबलो ने, जिसे रात ढंग से नींद नहीं आयी थी और जो इस कारण और भी अधिक झुँझलाया हुआ था, मेज़ पर पड़े काग़ज़ों को इधर से उधर पटका, लेकिन इससे उसे कुछ मदद नहीं मिली और ऐसी कोई बात उसे नहीं सूझी जिसे वह उससे कहता। ये पक्षपातपूर्ण अभियोग और लांछनापूर्ण जुमले - जिनका ऐसे मौक़ों पर आमतौर से प्रयोग किया जाता है - उसके मुँह से नहीं ही निकले। वह उनसे कहीं अधिक ज़ोरदार और प्रतिशोधपूर्ण चीज़ उसके मुँह पर पटकना चाहता था।

"हाँ तो बोलो, उस झगड़े की शुरुआत कैसे हुई?"

"उसने मेरा अपमान किया," स्त्री ने कहा।

“ओह, बहुत बड़ा अपराध किया!” पोदशिबलो ने व्यंग्य से कहा।

“उसे इसका कोई अधिकार नहीं था। मेरा उससे कोई मुक़ाबला नहीं किया जा सकता।”

“हे भगवान! तो तुम अपने को क्या समझती हो?”

“मैंने मजबूरी से इस धन्धे को अपनाया है, लेकिन वह...”

“तो तुम्हारी राय में वह मौज-मज़े के लिए यह करती है। क्यों, यही न?”

“वह?”

“हाँ, वह!”

“उसके कोई बाल-बच्चे नहीं हैं।”

“बस करो, मोरी की कीच! क्या तुम समझती हो कि अपने बच्चों का रोना रोकर मुझे फुसला लोगी? इस बार तो मैं तुम्हें छोड़ दूँगा, लेकिन अगर तुमने फिर कोई गड़बड़ की तो चौबीस घण्टों के भीतर तुम्हें यह नगर छोड़ देना पड़ेगा। मेले से अपने पाँव दूर ही रखना। समझी! घबराती क्यों हो, तुम्हारी जैसियों को मैं ख़ूब समझता हूँ। ज़रा-सी देर में ठीक कर दूँगा। उत्पात मचाती हो, क्यों? वह सबक पढ़ाऊँगा कि याद रखोगी, छिनाल कहीं की!” शब्द तेज़ी से, बिना किसी प्रयास के, उसके मुँह से निकल रहे थे, हर शब्द पिछले शब्द से अधिक अपमानजनक। स्त्री का चेहरा पीला पड़ गया था और उसने अपनी आँखों को ठीक वैसे ही सिकोड़ रखा था जैसेकि पिछली रात क़हवाख़ाने में उसने सिकोड़ा था।

"जाओ, दफ़ा हो जाओ यहाँ से!" मेज़ पर घूँसा मारते हुए पोदशिबलो चिल्ला उठा।

"भगवान ही तुम्हारा न्याय करेगा," उसने रूखी और धमकी भरी आवाज़ में कहा और तेज़ डगों से दफ़्तर से बाहर चली गयी।

"न्याय की बच्ची!" पोदशिबलो चीख़ा। उसका अपमान करने में उसने सुख का अनुभव किया। उसके शान्त और चिर विकारशून्य चेहरे से और जिस ढंग से अपनी नीली आँखों से सीधे उसकी ओर वह देखती थी उससे वह बुरी तरह झुँझला उठा था। पता नही, अपने को क्या समझती है? बच्चे? ग़लत, निरा बहाना! बच्चों का भला इससे क्या वास्ता? एक मामूली बेसवा - सड़कों की धूल चाटने वाली - मेले आयी कि धन कमायेगी लेकिन बनती है शराफ़त की पुतली! पता नहीं क्यों? एक शहीद - मजबूरी - बच्चे, भला किसके गले के नीचे उतरेगी यह ख़ुराफ़ात? इतनी हिम्मत है नहीं कि अपने को उसी रूप में देख सके जो कि वह है, सो परिस्थितियों के सिर दोष मढ़ ख़ुद अपने को दूध का धुला जताती है! वाह!

4

लेकिन बच्चे भी आख़िर थे ही। गोरे चेहरे का एक छोटा लड़का, लजीला, स्कूल की पुरानी फटी वर्दी पहने, कानों पर एक काला रुमाल बाँधे, और एक छोटी लड़की, प्लेटदार मैकिन्टोश पहने, जो उसके बदन से काफ़ी बड़ी और ढीली-ढाली थी। दोनों काशिन घाट के तख़्तों पर बैठे शरद की हवा में काँप रहे थे और चुपचाप बतिया रहे थे। उनकी माँ उनके पीछे खड़ी थी, कुछ गाँठों की टेक लगाये और मुग्ध नीली आँखों से उन्हें देख रही थी।

छोटे लड़के की शक्ल उससे मिलती-जुलती थी। उसकी आँखें भी नीली थीं। रह-रहकर वह अपना सिर उठाता, जिसपर वह ऐसी टोपी पहने था, जिसकी कलगी टूटी हुई थी, अपनी माँ की ओर देखकर मुस्कुराता और कुछ कहता। छोटी लड़की के चेहरे पर बुरी तरह चेचक के दाग़ थे। छोटी-सी पैनी नाक और दो बड़ी-बड़ी भूरी आँखें, जिनमें चंचलता और समझदारी की चमक थी। घाट के तख़्तों पर उनके अगल-बगल, भाँति-भाँति के बण्डल और पोटले-पोटलियाँ पड़ी थीं।

सितम्बर के अन्त के दिन थे। सारे दिन बारिश पड़ती रही थी। नदी-तट पर कीचड़ फैली थी और ठण्डी नम हवा चल रही थी।

वोल्गा नदी बढ़ी हुई थी। गँदली लहरें ज़ोरों से आवाज़ करती तट से टकरा रही थीं और हवा में एक धीमी थिर गूँज भरी थी। भाँति-भाँति के, सभी तरह के, लोग आ-जा रहे थे। उन सभी के चेहरों पर व्यग्रता की एक झलक थी, जैसे उन्हें अपने काम की उतावली हो। नदी के दृश्य की इस उमड़ती-घुमड़ती पृष्ठभूमि में एक माँ और दो बच्चों की यह शान्त तिकड़ी अपनी ओर तुरत ध्यान खींचती थी।

सहायक पुलिस अफ़सर पोदशिबलो की नज़र उनपर पड़ चुकी थी - और, दूर खड़े रहने पर भी, वह इन तीनों को बड़ी बारीक़ी से देख रहा था। वह उनकी प्रत्येक हरक़त से अवगत था और, जाने क्यों, शर्म का अनुभव कर रहा था।

काशिन वाला स्टीम-बोट आधा घण्टे में इस घाट से छूटकर वोल्गा के चढ़ाव की ओर जाने वाला था।

लोग बाहर जैटी पर पहुँचने लगे थे।

नीली आँखों वाली स्त्री झुकी, थैलों और पोटले-पोटलियों को अपने कन्धों तथा बग़ल में दाबकर सीधी हो गयी और सीढ़ियाँ उतरती चल दी। बच्चे उसके आगे चल रहे थे - हाथ में हाथ थामे और अपने हिस्से की पोटलियों को अपने कन्धों पर रखे।

पोदशिबलो को भी बाहर जैटी पर पहुँचना था। वह चाहता तो यही था कि न जाये, लेकिन उसके सामने और कोई चारा न था। सो कुछ देर बाद वह भी वहाँ, टिकट-घर से कुछ दूर, जाकर खड़ा हो गया।

उसकी परिचित स्त्री टिकट ख़रीदने आयी। एक हाथ में वह अपना भारी बटुवा थामे थी जिसमें से नोटों की एक गड्डी बाहर झाँक रही थी।

"मैं चाहती हूँ," उसने कहा, "...मतलब यह...ओह, बात यह है कि बच्चे तो दूसरे दर्जे में जायेंगे - कोस्त्येमा...और मैं तीसरे में, लेकिन यह बताइये, क्या मैं उन दोनों के लिए एक ही टिकट नहीं ख़रीद सकती? नहीं? अपवाद रूप में - ख़ास तौर से - तो बना सकते हैं न? ओह धन्यवाद, बहुत-बहुत धन्यवाद! भगवान तुम्हारा भला करे।"

और वह टिकट लेकर चल दी। उसका चेहरा खिला हुआ था। बच्चे उससे चिपके जा रहे थे, घाघरा खींच-खींचकर उससे पूछ रहे थे। उसने उनकी बात सुनी और मुस्कुरा दी।

"तुम भी ख़ूब हो। मैंने कहा न कि ख़रीद दूँगी, क्यों, कहा था न? क्या मैं कभी किसी चीज़ से तुम्हें वंचित रख सकती हूँ? हरेक के लिए दो-दो? अच्छी बात है। तुम लोग यहीं ठहरो। अभी लेकर आती हूँ।"

वह दरवाज़े के पास कुछ दुकानों पर गयी जहाँ फल और मिठाइयाँ बिकती थीं।

वहाँ से लौटकर वह अब फिर अपने बच्चों के बीच आ गयी थी और उनसे कह रही थी -

"यह बहुत ही बढ़िया ख़ुशबूदार साबुन तुम्हारे लिए है, वारिया, ज़रा सूँघकर देखो! और यह क़लमतराश चाकू तुम्हारे लिए है, पेत्या! देखा, मैं ज़रा भी नहीं भूली। और ये हैं पूरी एक दर्जन नारंगियाँ। लेकिन इन्हें एक बार में ही ख़त्म न कर डालना!"

स्टीम-बोट घाट से आ लगा। एक झटका। लोग डगमगा गये। स्त्री ने अपने दोनों बच्चों को समेटकर अपने से चिपका लिया और चौकन्नी आँखों से इधर-उधर देखा। ख़तरे का कोई चिह्न न देख वह हँसी। बच्चे भी हँसे। स्टीम-बोट पर चढ़ने की सीढ़ी लटका दी गयी और लोगों की धारा बोट की ओर बढ़ चली।

"ऐ धीरे-धीरे! धक्का न दो!" पोदशिबलो भीड़ पर चिल्लाया।

"एइयू बेवक़ूफ़!" वह एक बढ़ई पर गरजा जो हथौड़ियों, आरियों, बरमों, रेतियों और अन्य औजारों से लदा-फदा था, "यह क्या कबाड़ उठा लाया है? एक तरफ़ हट और स्त्री को रास्ता दे जो बच्चों को अपने साथ लिये है। ओह, कितना मूर्ख आदमी है।" कहते-कहते उसका स्वर एकदम मुलायम पड़ गया जब वह स्त्री - नीली आँखों वाली उसकी परिचिता - गुज़रते समय उसकी ओर देखकर मुस्कुरायी और बोट पर पहुँच जाने के बाद सिर झुकाकर उसने अभिवादन किया।

तीसरी सीटी।

"रस्से खोल डालो!" कप्तान के मंच से कमान की आवाज़ आयी।

बोट काँपा और हरक़त करने लगा।

पोदशिबलो डेक पर खड़े लोगों में अपनी परिचिता को टोह रहा था और जब वह दिखायी पड़ी तो उसने अपनी टोपी उतार ली और सिर झुकाकर अभिवादन किया।

जवाब में, रूसी ढंग से, वह झुकी और क्रास का चिह्न बनाया।

और इस प्रकार वह तथा उसके बच्चे कोस्त्रमा लौट गये।

उन्हें विदा करने के बाद सहायक पुलिस अफ़सर पोदशिबलो ने एक गहरी उसाँस छोड़ी और अपनी ड्यूटी पर लौट आया, भारी उदासी और दुख का अनुभव करते हुए।

बाज़ का गीत

सीमाहीन सागर तट-रेखा के निकट अलस भाव से छलछलाता और तट से दूर निश्चल, नींद में डूबा, नीली चाँदनी में सराबोर था। क्षितिज के निकट दक्षिणी आकाश की मुलायम और रुपहली नीलिमा में विलीन होता हुआ वह मीठी नींद सो रहा था – रूई जैसे बादलों के पारदर्शी ताने-बाने को प्रतिबिम्बित करता हुआ जो उसकी ही भाँति आकाश में निश्चल लटके थे – तारों के सुनहरे बेल-बूटों पर अपना आवरण डाले, लेकिन उन्हें छिपाए हुए नहीं। ऐसा लगता था, मानो आकाश सागर पर झुका पड़ रहा हो, मानो वह कान लगाकर यह सुनने को उत्सुक हो कि उसकी बेचैन लहरें, जो अलस भाव से तट को पखार रही थीं, फुसफुसाकर क्या कह रही हैं।

आँधी से झुके पेड़ों से आच्छादित पहाड़, अपनी खुरदरी कगारदार चोटियों से ऊपर के नीले शून्य को छू रहे थे, जहाँ दक्खिनी

रात का सुहाना और दुलार-भरा अन्धेरा अपने स्पर्श से उनके खुरदरे, कठोर कगारों को मुलायम बना रहा था ।

पहाड़ गम्भीर चिन्तन में लीन थे। उनके काले साये उमड़ती हुई हरी लहरों पर अवरोधी आवरणों की भाँति पड़ रहे थे, मानो वे ज्वार को रोकना चाहते हों। पानी की निरन्तर छलछलाहट, झागों की सिसकारियों और उन तमाम आवाज़ों को शान्त करना चाहते हों, जो अभी तक पहाड़ की चोटियों के पीछे छिपे चाँद की रुपहली-नीली आभा की भाँति समूचे दृश्यपट को प्लावित करने वाली रहस्यमयी निस्स्तब्धता का उल्लंघन कर रही थीं ।

"अल्लाह हो अकबर !" नादिर रहीम ओगली ने धीमे से आह भरते हुए कहा। वह क्रीमिया का रहने वाला एक वृद्ध गड़ेरिया था – लम्बा क़द, सफ़ेद बाल, दक्षिणी धूप में तपा, दुबला-पतला, समझदार बुज़ुर्ग।

हम रेत पर पड़े थे – साये में लिपटी और काई से ढँकी एक भीमाकार, उदास और खिन्न चट्टान की बग़ल में, जो अपने मूल पहाड़ से टूटकर अलग हो गई थी। उसके समुद्र वाले पहलू पर समुद्री सरकण्डों और जल-पौधों की बन्दनवार थी जो उसे सागर तथा पहाड़ों के बीच रेत की सँकरी पट्टी से जकड़े मालूम होती थी। हमारे अलाव की लपटें पहाड़ों वाले पहलू को आलोकित कर रही थीं और उनकी काँपती हुई लौ की परछाइयाँ उसकी प्राचीन सतह पर, जो गहरी दरारों से क्षत-विक्षत हो गई थीं, नाच रही थीं।

रहीम और मैं मछलियों का शोरबा पका रहे थे, जिन्हें हमने अभी पकड़ा था और हम दोनों का मिज़ाज ऐसा था, जिसमें हर चीज़

स्पष्ट, अनुप्राणित और बोधगम्य मालूम होती है, जब हृदय बेहद हल्का और निर्मल होता है – और चिन्तन में डूबने के सिवा मन में और कोई इच्छा नहीं होती।

सागर तट पर छपछपा रहा था। लहरों की आवाज़ ऐसी प्यारभरी थी, मानो वे हमारे अलाव से अपने आपको गरमाने की याचना कर रही हो। लहरों के एकरस गुंजन में रह-रहकर एक अधिक ऊँचा और अधिक आह्लादपूर्ण स्वर सुनाई दे जाता – यह अधिक साहसी लहरों में से किसी एक का स्वर होता जो हमारे पाँवों के अधिक निकट रेंग आती थी ।

रहीम सागर की ओर मुँह किए पड़ा था। उसकी कोहनियाँ रेत में धँसी थीं, उसका सिर उसके हाथों पर टिका था और वह विचारों में डूबा दूर धुँधलके को ताक रहा था। उसकी भेड़ की खाल की टोपी खिसककर उसकी गुद्दी पर आ गई थी और समुद्र की ताज़ा हवा झुर्रियों की महीन रेखाओं से ढके उसके ऊँचे मस्तक पर पँखा झल रही थी। उसके मुँह से दार्शनिक उद्गार प्रकट हो रहे थे – इस बात की चिन्ता किए बिना कि मैं उन्हें सुन भी रहा हूँ या नहीं। ऐसा लगता था जैसे वह समुद्र से बातें कर रहा हो ।

“ जो आदमी ख़ुदा में अपना ईमान बनाए रखता है, उसे बहिश्त नसीब होता है। और वह, जो ख़ुदा या पैगम्बर को याद नहीं करता? शायद वह वहाँ है, इस झाग में...पानी की सतह पर वे रुपहले धब्बे शायद उसी के हों, कौन जाने !”

विस्तारहीन काला सागर अधिक उजला हो चला था और उसकी सतह पर लापरवाही से जहाँ-तहाँ बिखेर दिए गए चाँदनी के धब्बे

दिखाई दे रहे थे। चाँद पहाड़ों की कगारदार झबरीली चोटियों के पीछे से बाहर खिसक आया था और तट पर, उस चट्टान पर, जिसकी बग़ल में हम लेटे हुए थे, और सागर पर, जो उससे मिलने के लिए हल्की उसाँसें भर रहा था, उनीन्दा-सा अपनी आभा बिखेर रहा था ।

"रहीम, कोई किस्सा सुनाओ," मैंने वृद्ध से कहा ।

"किसलिए?" अपने सिर को मेरी ओर मोड़े बिना ही उसने पूछा।

"यों ही ! तुम्हारे क़िस्से मुझे बहुत अच्छे लगते हैं।"

"मैं तुम्हें सब सुना चुका। और याद नहीं..." वह चाहता था कि उसकी ख़ुशामद की जाए और मैंने उसकी ख़ुशामद की ।

"अगर तुम चाहो तो मैं तुम्हें एक गीत सुना सकता हूँ," उसने राज़ी होते हुए कहा।

मैं ख़ुशी से कोई पुराना गीत सुनना चाहता था और उसने मौलिक धुन को कायम रखते हुए एकरस स्वर में गीत सुनाना शुरू कर दिया ।

1

"ऊँचे पहाड़ों पर एक साँप रेंग रहा था, एक सीलनभरे दर्रे में जाकर उसने कुण्डली मारी और समुद्र की ओर देखने लगा"।

ऊँचे आसमान में सूरज चमक रहा था, पहाड़ों की गर्म साँस आसमान में उठ रही थी और नीचे लहरें चट्टानों से टकरा रही थीं...

दर्रे के बीच से, अन्धेरे और धुन्ध में लिपटी एक नदी तेज़ी से बह रही थी – समुद्र से मिलने की उतावली में राह के पत्थरों को उलटती-पलटती...

झागों का ताज पहने, सफ़ेद और शक्तिशाली, वह चट्टानों को काटती, गुस्से में उबलती-उफनती, गरज के साथ समुद्र में छलाँग मार रही थी।

अचानक उसी दर्रे में, जहाँ साँप कुण्डली मारे पड़ा था, एक बाज, जिसके पंख ख़ून से लथपथ थे और जिसके सीने में एक घाव था, आकाश से वहाँ आ गिरा...

धरती से टकराते ही उसके मुँह से एक चीख़ निकली और वह हताशापूर्ण क्रोध में चट्टान पर छाती पटकने लगा...

साँप डर गया, तेज़ी से रेंगता हुआ भागा, लेकिन शीघ्र ही समझ गया कि पक्षी पल-दो पल का मेहमान है ।

सो रेंगकर वह घायल पक्षी के पास लौटा और उसने उसके मुँह के पास फुँकार छोड़ी –

मर रहे हो क्या ?"

हाँ, मर रहा हूँ !" गहरी उसाँस लेते हुए बाज ने जवाब दिया । 'ख़ूब जीवन बिताया है मैंने !...बहुत सुख देखा है मैंने !...जमकर लड़ाइयाँ लड़ी हैं !...आकाश की ऊँचाइयाँ नापी हैं मैंने...तुम उसे कभी इतने निकट से नहीं देख सकोगे !...तुम बेचारे !'

आकाश ? वह क्या है ? निरा शून्य... मैं वहाँ कैसे रेंग सकता हूँ? मैं यहाँ बहुत मज़े में हूँ...गरमाहट भी है और नमी भी !'

इस प्रकार साँप ने आज़ाद पंछी को जवाब दिया और मन ही मन बाज की बेतुकी बात पर हँसा ।

और उसने अपने मन में सोचा – 'चाहे रेंगो, चाहे उड़ो, अन्त सबका एक ही है – सबको इसी धरती पर मरना है, धूल बनना है ।'

मगर निर्भीक बाज़ ने एकाएक पंख फड़फ़ड़ाए और दर्रे पर नज़र डाली ।

भूरी चट्टानों से पानी रिस रहा था और अन्धेरे दर्रे में घुटन और सड़ान्ध थी ।

बाज़ ने अपनी समूची शक्ति बटोरी और तड़प तथा वेदना से चीख़ उठा –

काश, एक बार फिर आकाश में उड़ सकता !...दुश्मन को भींच लेता...अपने सीने के घावों के साथ...मेरे रक्त की धारा से उसका दम घुट जाता !...ओह, कितना सुख है संघर्ष में !"....

साँप ने अब सोचा – 'अगर वह इतनी वेदना से चीख़ रहा है, तो आकाश में रहना वास्तव में ही इतना अच्छा होगा !'

और उसने आज़ादी के प्रेमी बाज से कहा – 'रेंगकर चोटी के सिरे पर आ जाओ और लुढ़ककर नीचे गिरो। शायद तुम्हारे पंख अब भी काम दे जायें और तुम अपने अभ्यस्त आकाश में कुछ क्षण और जी लो ।'

बाज़ सिहरा, उसके मुँह से गर्व भरी हुँकार निकली और काई जमी चट्टान पर पंजों के बल फिसलते हुए वह कगार की ओर बढ़ा ।

कगार पर पहुँचकर उसने अपने पंख फैला दिए, गहरी साँस ली और आँखों से एक चमक-सी छोड़ता हुआ शून्य में कूद गया ।

और ख़ुद भी पत्थर-सा बना बाज चट्टानों पर लुढ़कता हुआ तेज़ी से नीचे गिरने लगा, उसके पंख टूट रहे थे, रोयें बिखर रहे थे...

नदी ने उसे लपक लिया, उसका रक्त धोकर झागों में उसे लपेटा और उसे दूर समुद्र में बहा ले गई।

और समुद्र की लहरें, शोक से सिर धुनती, चट्टान की सतह से टकरा रही थीं...पक्षी की लाश समुद्र के व्यापक विस्तारों में ओझल हो गई थी...

2

कुण्डली मारे साँप, बहुत देर तक दर्रे में पड़ा हुआ सोचता रहा – पक्षी की मौत के बारे में, आकाश के प्रति उसके प्रेम के बारे में ।

उसने उस विस्तार में आँखें जमा दीं जो निरन्तर सुख के सपने से आँखों को सहलाता है ।

'क्या देखा उसने – उस मृत बाज़ ने – इस शून्य में, इस अन्तहीन आकाश में ? क्यों उसके जैसे आकाश में उड़ान भरने के अपने प्रेम से दूसरों की आत्मा को परेशान करते हैं ? क्या पाते हैं वे आकाश में ? मैं भी तो, बेशक थोड़ा-सा उड़कर ही, यह जान सकता हूँ ।'

उसने ऐसा सोचा और कर डाला। कसकर कुण्डली मारी, हवा में उछला और सूरज की धूप में एक काली धारी-सी कौंध गई ।

जो धरती पर रेंगने के लिए जन्मे हैं, वे उड़ नहीं सकते !...इसे भूलकर साँप नीचे चट्टानों पर जा गिरा, लेकिन गिरकर मरा नहीं और हंसा –

सो यही है आकाश में उड़ने का आनन्द ! नीचे गिरने में !... हास्यास्पद पक्षी ! जिस धरती को वे नहीं जानते, उस पर ऊबकर आकाश में चढ़ते हैं और उसके स्पन्दित विस्तारों में ख़ुशी खोजते हैं। लेकिन वहाँ तो केवल शून्य है । प्रकाश तो बहुत है, लेकिन वहाँ न तो खाने को कुछ है और न शरीर को सहारा देने के लिए ही कोई चीज़। तब फिर इतना गर्व किसलिए ? धिक्कार-तिरस्कार क्यों ? दुनिया की नज़रों से अपनी पागल आकांक्षाओं को छिपाने के लिए, जीवन के व्यापार में अपनी विफलता पर पर्दा डालने के लिए ही न ? हास्यास्पद पक्षी !...तुम्हारे शब्द मुझे फिर कभी धोखा नहीं दे सकते ! अब मुझे सारा भेद मालूम है ! मैंने आकाश को देख लिया है...उसमें उड़ लिया, मैंने उसको नाप लिया और गिरकर भी देख लिया, हालाँकि मैं गिरकर मरा नहीं, उल्टे अपने में मेरा विश्वास अब और भी दृढ़ हो गया है। बेशक वे अपने भ्रमों में डूबे रहें, वे, जो धरती को प्यार नहीं करते। मैंने सत्य का पता लगा लिया है। पक्षियों की ललकार अब कभी मुझ पर असर नहीं करेगी। मैं धरती से जन्मा हूँ और धरती का ही हूँ ।'

ऐसा कहकर, वह एक पत्थर पर गर्व से कुण्डली मारकर जम गया ।

सागर, चौंधिया देने वाले प्रकाश का पुँज बना चमचमा रहा था और लहरें पूरे ज़ोर-शोर से तट से टकरा रही थीं ।

उनकी सिंह जैसी गरज में गर्वीले पक्षी का गीत गूँज रहा था। चट्टानें काँप रही थीं समुद्र के आघातों से और आसमान काँप रहा था दिलेरी के गीत से –

'साहस के उन्मादियों की हम गौरव-गाथा गाते हैं ! गाते हैं उनके यश का गीत !'

'साहस का उन्माद-यही है जीवन का मूलमन्त्र । ओह, दिलेर बाज़ ! दुश्मन से लड़कर तूने रक्त बहाया...लेकिन वह समय आएगा जब तेरा यह रक्त जीवन के अन्धकार में चिनगारी बनकर चमकेगा और अनेक साहसी हृदयों को आज़ादी तथा प्रकाश के उन्माद से अनुप्राणित करेगा !'

'बेशक तू मर गया!...लेकिन दिल के दिलेरों और बहादुरों के गीतों में तू सदा जीवित रहेगा, आज़ादी और प्रकाश के लिए संघर्ष की गर्वीली ललकार बनकर गूँजता रहेगा !'

"हम साहस के उन्मादियों का गौरव-गान गाते हैं !"

...सागर के पारदर्शी विस्तार निस्स्तब्ध हैं, तट से छलछलाती लहरें धीमे स्वरों में गुनगुना रही हैं और दूर समुद्र के विस्तार को देखता हुआ मैं भी चुप हूँ । पानी की सतह पर चाँदनी के रुपहले धब्बे अब पहले से कहीं अधिक हो गए हैं...हमारी केतली धीमे से भुनभुना रही है ।

एक लहर खिलवाड़ करती आगे बढ़ आई और मानो चुनौती का शोर मचाती हुई रहीम के सिर को छूने का प्रयत्न करने लगी ।

"भाग यहाँ से ! क्या सिर पर चढ़ेगी ?" हाथ हिलाकर उसे दूर करते हुए रहीम चिल्लाया और वह, मानो उसका कहना मानकर तुरन्त लौट गई ।

लहर को सजीव मानकर रहीम के इस तरह उसे झिड़कने में, मुझे हँसने या चौंक उठने वाली कोई बात नहीं मालूम हुई। हमारे चारों ओर की हर चीज़ असाधारण रूप से सजीव, कोमल और सुहावनी थी। समुद्र शान्त था और उसकी शीतल सांसों में, जिन्हें वह दिन की तपन से अभी तक तप्त पहाड़ों की चोटियों की ओर प्रवाहित कर रहा था, संयत शक्ति निहित प्रतीत होती थी । आकाश की गहरी नीली पृष्ठभूमि पर सुनहरे बेल-बूटों के रूप में तारों ने कुछ ऐसा गम्भीर चित्र अंकित कर दिया था, जो आत्मा को मन्त्र-मुग्ध करता था और हृदय को किसी नए आत्मबोध की मधुर आशा से विचलित करता प्रतीत होता था ।

हर चीज़ उनीन्दी थी, लेकिन जागरूकता की गहरी चेतना अपने हृदय में सहेजे, मानो अगले ही क्षण वे सभी नीन्द की अपनी चादर उतारकर अवर्णनीय मधुर स्वर में समवेत गान शुरू कर देंगी । उनका यह समवेत गान जीवन के रहस्यों को प्रकट करेगा, उन्हें मस्तिष्क को समझाएगा, फिर उसे छलावे की अग्नि-शिखा की भाँति ठण्डा कर देगा और आत्मा को गहरे नीले विस्तारों में उड़ा ले जाएगा, जहाँ तारों के कोमल बेल-बूटे भी आत्मबोध का दिव्य गीत गाते होंगे...

भण्डाफोड़

गाँव की सड़क पर से, सफ़ेदी-पुते उसके कच्चे घरौंदों को पार करती, ज़ोर-ज़ोर से चिल्लाते लोगों की एक भीड़ गुज़र रही थी। मजमा, एक बड़ी लहर की भाँति, धीमी गति से बढ़ रहा था। और उसके आगे-आगे एक मरियल-सा घोड़ा सिर झुकाये चल रहा था। जब भी वह अपना अगला पाँव उठाता तो उसका सिर कुछ इस तरह डुबकी खाता मानो वह अभी मुँह के बल आगे की ओर गिर पड़ेगा और उसकी थूथनी सड़क की धूल चाटती नज़र आयेगी। और जब वह अपने पिछले पाँव को हरकत में लाता तो उसका पिछला हिस्सा इस तरह डगमगाता मानो वह अभी ढेर हो जायेगा।

एक युवा स्त्री, जिसने अभी अपनी बीसी भी मुश्किल से ही पार की होगी, बहुत छोटी और पूरी नग्न , उसकी नंगी कलाइयाँ गाड़ीवान के सामने वाले तख़्ते से बँधी हुई। वह बग़ल के रुख चल रही थी, उसके घुटने काँप रहे थे जैसे अभी जवाब दे जायेंगे, काले और अस्त-व्यस्त बालों से घिरा उसका सिर ऊपर की ओर उचका था और उसके

फटे हुए दीदे सूनी अमानवीय दृष्टि से शून्य में ताक रहे थे। उसका बदन काली और नीली धारियों तथा निशानों से भरा था। कुमारियों जैसी दृढ़ उसकी बायीं छाती में गहरा घाव था और उसमें से ख़ून की धार निकल रही थी। ख़ून की एक लाल लकीर उसके पेट के ऊपर से होती हुई नीचे बायीं टाँग के घुटने तक खींची थी और उसकी नाज़ुक टाँगों की पिण्डलियों पर धूल के थक्के चढ़े थे। ऐसा लगता था जैसे स्त्री के शरीर से खाल की एक लम्बी डोरी उतार ली गयी हो। और उसके पेट को, इसमें ज़रा भी शक नहीं, मुंगरी से पीटा या बूटदार एड़ियों से रौंदा गया था – वह इतनी बुरी तरह से सूजा और बदरंग बना हुआ था।

स्त्री के लिए भूरी धूल में एक डग के बाद दूसरा डग घसीटना मुश्किल हो रहा था। उसका समूचा बदन ऐंठ रहा था और यह देखकर अचरज हो रहा था कि उसकी टाँगें, जो, उसके बदन की भाँति, चोट के निशानों-खरोंचों से भरी थीं, किस प्रकार उसका बोझ सँभाले थीं, किस प्रकार वह अपने आपको गिरने से और कुहनियों के बल घिसटने से रोके थी।

लम्बे क़द का एक देहाती गाड़ी में खड़ा था। वह सफ़ेद रंग की रूसी कुरती और काले रंग की अस्त्राख़ानी टोपी पहने था जिसके नीचे से निकलकर चटक रंग के लाल बालों का एक गुच्छा उसके माथे पर झूल रहा था। एक हाथ में वह लगाम थामे था और दूसरे में एक हण्टर, जिसे वह बाक़ायदा पहले घोड़े पर और फिर छोटे क़द की उस स्त्री पर झटकार रहा था जो पहले ही इतनी मार खा चुकी थी कि पहचानी तक नहीं जाती थी। आदमी की आँखें लाल अंगारा बनी थीं, प्रतिशोध की विजयी भावना उनमें चमक रही थी और उसके बाल उनमें हरी परछाइयाँ डाल रहे थे। उसकी कुरती की आस्तीनें ऊपर तक चढ़ी

थीं और उसकी लाल रोएँदार मांसल बाँहें साफ़ दिखायी दे रही थीं। उसका मुँह खुला था जिसमें सफ़ेद पैने दाँतों की दो पाँतें चमक रही थीं और रह-रहकर, बैठी हुई आवाज़ में, वह चिल्ला उठता था –

"ले, यह ले, कुतिया! हा-हा-हा! और ले, यह और ले!"

स्त्री और गाड़ी के पीछे लोगों की भीड़ चल रही थी – चीख़ती-चिल्लाती, हँसती, आवाज़ें कसती, सीटी बजाती, कोचती-उकसाती, खिल्लियाँ उड़ाती। बच्चे इधर से उधर लपक-झपक रहे थे। कभी-कभी उनमें से कोई एक दौड़कर आगे निकल जाता और स्त्री के मुँह पर गन्दे शब्दों की बौछार करता। तब भीड़ ठहाका मारकर हँस पड़ती और उसकी हँसी की आवाज़ में हण्टर के हवा में सनसनाने की पतली आवाज़ डूब जाती। भीड़ में स्त्रियों के चेहरे असाधारण उछाह से लहरा रहे थे और उनकी आँखें प्रसन्नता से चमक रही थीं। पुरुष गाड़ी में खड़े देहाती को लक्ष्य कर निर्लज्जता का बघार लगा रहे थे और वह, भट्टे-सा पूरा मुँह बाये, उनकी ओर मुड़-मुड़कर हँस रहा था। सहसा हण्टर सनसनाकर स्त्री के शरीर से टकराता। लम्बा और पतला, वह उसके कन्धों का चक्कर काटता और बाँहों के नीचे उसकी चमड़ी में धँस जाता। इस पर देहाती उसे अचानक एक झटका देता और स्त्री, एक तेज़ चीख़ मारकर, कमर के बल धूल में गिर जाती। भीड़ के लोग उछलकर आगे बढ़ते, झुक करके उसके इर्द-गिर्द एक दीवार-सी खड़ी कर देते और वह आँखों से ओझल हो जाती।

घोड़ा ठिठककर खड़ा हो गया, लेकिन क्षण-भर बाद वह फिर डगमगाता-सा लुढ़क चलता और लांछित स्त्री उसके पीछे-पीछे घिसटने लगती। घोड़ा रह-रहकर अपने कोढ़ियल सिर को इस तरह हिलाता मानो कह रहा हो –

"कितनी बुरी बीतती है उस घोड़े के साथ, जिसे लोग अपने जैसे चाहे घिनौने काम में जोत लेते हैं।"

और आकाश – दक्खिनी आकाश – एकदम स्वच्छ और साफ़ था। बादलों की कहीं ज़रा-सी भी निशानी नज़र नहीं आ रही थी और सूरज जी खोलकर धरती पर अपनी गर्म किरनों की बौछार कर रहा था।

प्रतिशोधपूर्ण न्याय का यह चित्र, जो मैंने यहाँ दिया है, मेरी कल्पना की देन नहीं है। नहीं, दुर्भाग्यवश यह कोई मनगढ़न्त चीज़ नहीं है। इसे 'भण्डाफोड़' कहा जाता है और इसके द्वारा पति विश्वासघात करनेवाली अपनी कुलटा स्त्रियों को दण्डित करते हैं। यह जीवन से लिया गया चित्र है। यह उन प्रथाओं में से एक है जो हमारे यहाँ प्रचलित हैं और इसे 15 जुलाई 1891 के दिन, निकोलायेवस्की विला में ख़ेरसोन गुबेर्निया के कान्दीबोवका गाँव में, ख़ुद अपनी आँखों से मैंने देखा था।

वोल्गा प्रदेश में, जहाँ का मैं रहने वाला हूँ, यह मैंने सुना था कि अपने पतियों के साथ विश्वासघात करने वाली पत्नियों के शरीर पर कोलतार पोता जाता था और उसपर पंख चिपका दिये जाते थे। यह भी मैं जानता था कि कुछ अधिक सूझ-बूझ वाले पति और ससुर और भी आगे बढ़कर विश्वासघात करने वाली अपनी पत्नियों पर गर्मियों के दिनों में शीरा पोतकर उन्हें पेड़ों से बाँध देते थे और कीड़े-मकोड़े काट-काटकर उनके बदन में घाव कर डालते थे। कभी-कभी ऐसी स्त्रियों के हाथ-पाँव बाँधकर उन्हें चींटियों-दीमकों की बाँबी में डाल दिया जाता था।

यह सब मैंने सुना ही था। अब उसे ख़ुद अपनी आँखों से देखकर सिद्ध हो गया कि जाहिल और हृदयहीन लोगों के बीच – उन लोगों के बीच, जिन्हें 'कुत्ता कुत्ते को खाये' वाली जीवन प्रणाली ने लालच और ईर्ष्या से धधकते जंगली जानवरों में परिवर्तित कर दिया था – इस तरह की चीज़ों का होना सचमुच में सम्भव है!

मकर छुद्रक

समुद्र की ठण्डी नम हवा साहिल पर लहरों के छितराने के उदास संगीत और सूखी झाड़ियों की सरसराहट के साथ घास के सुविस्तृत मैदानों के ऊपर से गुज़र रही थी। रह-रहकर हवा का झोंका आता और हमारे पड़ाव की अग्नि में चुरमुर हुए पीले पत्तों की आहुति डाल देता, जिससे लपटें लपलपा उठतीं, और तब शरद्-रात्रि का अँधेरा काँपकर भय से पीछे हट जाता, बायीं ओर सीमाहीन स्तेपी और दाहिनी ओर सीमाहीन समुद्र की एक झलक दिखायी देती और सामने की दिशा में एक वृद्ध जिप्सी मकर छुद्रा का आकार उभर आता, जो पचास एक डग दूर अपने कैम्प के घोड़ों की निगरानी कर रहा था।

ठण्डी हवा के झोंकों ने उसके कौकशी कोट के पल्लों को उघार दिया था और उसकी बालदार नंगी छाती पर बेरहमी से थपेड़े मार रहे थे, लेकिन वह इस सबसे बेख़बर मेरी ओर मुँह किये सौम्य और सशक्त मुद्रा में लेटा हुआ, अपने भीमाकार पाइप से बराबर कश खींचता, अपनी नाक और मुँह से धुएँ के बादल छोड़ रहा था। उसकी

एकटक दृष्टि मेरे सिर पर से होती हुई सुविस्तृत स्तेपी के निस्स्तब्ध अन्धकार पर जमी थी, और वह हवा के कुत्सित थपेड़ों से अपने आपको बचाने का ज़रा भी प्रयत्न न करते हुए बिना रुके बतिया रहा था -

"सो तुम दुनिया की धूल छानते घूमते हो, क्यों? बहुत ख़ूब! बहुत अच्छा रास्ता पकड़ा है तुमने, मेरे नन्हे बाज़! एकमात्र सही तरीक़ा। दुनिया में घूम-घूमकर चीज़ें देखो, जब ख़ूब मन भर जाये तो पड़े रहो और सदा के लिए आँखें मूँद लो!"

उसकी "एकमात्र सही तरीक़ा" वाली बात मुझे जँची नहीं। मेरी आपत्ति सुन सवालिया अन्दाज़ में बोला –

"जीवन? साथी मानव? - इस सबके लिए दुबला होने की क्या ज़रूरत है? क्या तुम्हारा अपना जीवन नहीं है? और जहाँ वसूल लेते हैं, जो बुद्धू हैं, वे टापते रह जाते हैं। लेकिन यह सब हर कोई अपने आप ही सीखता है।

"अजीब चीज़ हैं ये लोग-बाग भी - उनका सारा रेवड़ एक ही जगह जमा होगा, घिचपिच, एक-दूसरे को कुचलते हुए, जबकि इतनी जगह यहाँ मौजूद है कि समेटे न सिमटे," हाथ के सपाटे से मैदान की ओर इशारा करते हुए वह कहता गया, "और सबके सब काम में जुते रहते हैं। किसलिए? यह कोई नहीं जानता। जब कभी मैं किसी आदमी को खेत जोतते देखता हूँ तो मन ही मन सोचता हूँ - यह देखो, वह अपनी शक्ति और अपना पसीना बूँद-बूँद करके धरती में खपाये दे रहा है, केवल इसीलिए न कि अन्त में इसी धरती में उसे सोना और गल-सड़कर ख़त्म हो जाना है। जितना निपट मूर्ख वह पैदा हुआ था,

वैसा ही मर जायेगा। कुछ भी अपने पीछे नहीं छोड़ जायेगा। अपने खेतों के सिवा और कुछ भी तो वह नहीं देख पाता।

"क्या इसीलिए उसने जन्म लिया था कि धरती को खोदता रहे और ख़ुद अपने लिए एक क़ब्र तक खोदने का प्रबन्ध किये बिना इस दुनिया से कूच कर जाये? क्या उसने कभी आज़ादी का स्वाद चखा कि वह कैसी होती है? क्या उसने कभी इन मैदानी विस्तारों की ओर नज़र उठाकर देखा? समुद्र के मर्मर-संगीत को सुनकर उसके हृदय का कमल क्या कभी खिला? वह एक ग़ुलाम है - और अपने जन्म के दिन से लेकर मृत्यु के दिन तक ग़ुलाम रहता है। इसके लिए क्या वह कुछ कर सकता है? नहीं, कुछ नहीं, सिवा इसके कि अपने गले में फन्दा डालकर लटक जाये - अगर उसमें इतनी भी समझ हो तो!

"अब रही मेरी बात, अट्ठावन साल की उम्र में इतना कुछ मैंने देखा है कि अगर उसे काग़ज़ पर उतारा जाये तो वह, जैसा थैला तुम लिये हो न, वैसे हज़ार थैलों में भी नहीं आयेगा। भला तुम नाम तो लो किसी ऐसी जगह का, जो मैंने न देखी हो। नहीं, तुम ऐसी एक भी जगह का नाम नहीं ले सकते। नाम लेना तो दूर, मैं ऐसी-ऐसी जगह गया हूँ जिनके बारे में तुमने कभी सुना तक न होगा। केवल यही तरीक़ा है जीवन बिताने का - आज यहाँ तो कल वहाँ। बस, घूमते रहो। किसी भी जगह ज़्यादा दिनों तक नहीं टिको - और कोई टिके भी क्यों? तुम्हीं देखो, दिन और रात किस प्रकार सदा चलते और एक-दूसरे का पीछा करते हुए धरती का चक्कर लगाते रहते हैं। ठीक वैसे ही, अगर तुम जीने की अपनी उमंग गँवाना नहीं चाहते हो तो, तुम्हें अपने विचारों को हाँकते रहना है। यह निश्चित समझो, जीवन का उल्लास वहीं समाप्त हो जाता है जहाँ आदमी जीवन के बारे में अत्यधिक सोचने लगता है। मैं भी कभी ऐसा ही करता था। सच, मेरे

नन्हे बाज़, मैं भी इस मर्ज़ का शिकार रह चुका हूँ।

"यह उन दिनों की बात है, जब मैं गालीसिया की जेल में था। 'आख़िर मैंने जन्म ही क्यों लिया?' त्रस्त होकर मैं सोचता। जेल में बन्द होना भी कितनी बड़ी मुसीबत है - सच, बहुत ही भारी मुसीबत! हर बार, जब भी मैं खिड़की से बाहर खेतों की ओर देखता, तो ऐसा मालूम होता, जैसे कोई शैतान मेरे हृदय को नोच रहा हो। कौन कह सकता है कि आख़िर मैंने जन्म क्यों लिया? कोई नहीं! और अपने आपसे ऐसा सवाल कभी करना भी नहीं चाहिए। जियो और जीवित रहने के लिए अपने भाग्य को सराहो। धरती पर घूमो और जो कुछ देखा जा सकता है वह सब देखो। तब दुख तुम पर कभी हावी नहीं होगा। ओह, एक बार तो अपनी पेटी का फन्दा गले में डालकर मैं झूल ही गया होता!

"एक बार एक आदमी से मेरी ख़ूब झड़प हुई। वह कड़ा आदमी था और रूसी था, तुम्हारी ही भाँति। कहने लगा - 'जैसे मन में आये, वैसे ही आदमी को नहीं जीना है, बल्कि ख़ुदा की किताब में जैसे लिखा है, वैसे चलना है। अगर आदमी ख़ुदा का कहना मानकर चलता है,' वह बोला - 'तो ख़ुदा उसकी हर मुराद पूरी करता है।' वह ख़ुद चिथड़े पहने था। मैंने कहा - 'ख़ुदा से एक नया सूट क्यों नहीं माँग लेते?' इस पर वह बुरी तरह बिगड़ खड़ा हुआ और गालियाँ देते हुए मुझे भगा दिया। लेकिन, कुछ ही क्षण पहले, वह उपदेश झाड़ रहा था कि मानव को अपने पड़ोसियों से प्रेम करना चाहिए, उनके प्रति उसके हृदय में क्षमा होनी चाहिए। लेकिन अगर मैंने उसे नाराज़ कर दिया था, तो उसने मुझे क्यों नहीं क्षमा किया? देखा, ऐसे होते हैं तुम्हारे ये

उपदेशक! लोगों को तो सीख देते हैं कि कम खाओ, जबकि अपना दोज़ख़ वे दिन में दस बार भरते हैं।"

उसने आग में थूका और चुपचाप अपने पाइप को फिर से ताज़ा करने लगा। हवा धीमे स्वर में कराह रही थी, अँधेरे में घोड़े हिनहिना रहे थे और जिप्सियों के कैम्प से एक गीत के कोमल अनुराग भरे स्वर वातावरण में तैर रहे थे। यह मकर की सुन्दर लड़की नोन्का थी जो गा रही थी। कण्ठ की गहराई से निकली उसकी आवाज़ मैं पहचानता था, जिसमें - चाहे वह कोई गीत गा रही हो अथवा केवल दुआ-सलाम के शब्द मुँह से निकाल रही हो - हमेशा एक असन्तोष और आदेश का पुट मिला रहता था। तपे ताँबे-से उसके चेहरे पर रानी ऐसी अहम्मन्यता का भाव चस्पा हो गया था और उसकी काली आँखों की परछाइयों में उसके अपने असीम सौन्दर्य की चेतना और अपने से भिन्न हर चीज़ के प्रति घृणा की एक भावना थिरकती रहती थी।

मकर ने अपना पाइप मेरे हाथ में थमा दिया।

यह लो, पियो। वह ख़ूब गाती है, क्यों, अच्छा गाती है न? क्या तुम चाहोगे उस जैसी कोई कुँवारी कन्या तुमसे प्रेम करने लगे? नहीं? बहुत ठीक। स्त्रियों पर कभी भरोसा नहीं रखना और उनसे दूर ही रहना। लड़कियों को पुरुष का मुँह चूमने में जितना आनन्द आता है, उतना मुझे अपना पाइप पीने में भी नहीं आता। लेकिन एक बार भी जहाँ तुमने किसी लड़की का मुँह चूमा कि समझ लो, तुम्हारी आज़ादी सदा के लिए ख़त्म हो गयी। ऐसे अदृश्य बन्धनों में वह तुम्हें जकड़ लेगी, जो तोड़े नहीं टूटेंगे, और तुम हृदय और आत्मा से उसके पाँव की धूल बनकर रह जाओगे। यह एकदम सच बात है। लड़कियों से ख़बरदार रहना। झूठ तो सदा उनके होंठों पर नाचता रहता है। वे

क़समें खायेंगी कि तुम पर ही वे सबसे ज़्यादा जान देती हैं, लेकिन अगर कहीं तुमने ज़रा भी उन्हें नाराज़ कर दिया तो पहली बार में ही तुम्हारा हृदय नोच डालेंगी। मैं यों ही कुछ नहीं कहता। मैंने बहुत कुछ देखा-जाना है। अगर तुम चाहो तो एक सच्ची कहानी तुम्हें सुनाऊँ। इसे तुम अपने हृदय में गाँठ बाँध कर रखना। अगर तुमने ऐसा किया तो जीवन-भर पक्षियों की भाँति आज़ाद रहोगे।

बहुत दिनों की बात है। जोबार - लोइको जोबार - नाम का एक युवक जिप्सी था। भय उसे छू तक नहीं गया था और हंगरी और बोहेमिया और स्लावोनिया और समुद्र के इर्द-गिर्द सभी देशों में दूर-दूर तक उसकी ख्याति फैली थी। उन इलाक़ों में एक भी गाँव ऐसा नहीं था, जिसमें चार या पाँच लोग जोबार की जान के दुश्मन न हों, लेकिन उसका कभी एक बाल तक बाँका नहीं हुआ। अगर कोई घोड़ा उसकी नज़र में चढ़ जाता तो फौजियों की पलटन भी उसे न रोक पाती और वह उसकी पीठ पर सवार हो हवा हो जाता। क्या वह किसी से डरता था? नहीं! डर से जोबार का कोई वास्ता नहीं था। वह ख़ुद शैतान और उसके समूचे दल-बल को - अगर वह उस पर धावा बोलता तो - छुरे की धार पर उतारकर रख देता या फिर कम से कम इतना तो निश्चित ही समझो कि वह उन्हें ख़ूब आड़े हाथों लेता और जमकर उनकी मरम्मत करता।

जिप्सियों का कोई कैम्प ऐसा नहीं था जो जोबार को न जानता हो या जिसने उसके बारे में नहीं सुना हो। केवल एक ही चीज़ से उसे प्यार था - घोड़े से, सो भी अधिक दिनों के लिए नहीं। जब वह उस पर सवारी गाँठते-गाँठते उकता जाता तो उसे बेच डालता और उससे मिला धन, जो भी हाथ फैलाता, उसे ही दे डालता। उसे किसी चीज़

का मोह नहीं था। अगर किसी को ज़रूरत होती तो वह अपना हृदय तक चीरकर दे देता। सच, वह ऐसा ही आदमी था।

उस समय, जिसका कि मैं जिक्र कर रहा हूँ - कोई दस वर्ष पहले - हमारा काफ़िला बुकोविना में घूम रहा था। बसन्त के दिन थे। एक रात हम आदमियों की एक टुकड़ी जमा थी - उसमें एक सैनिक दानिलो था, जो कोशूत की कमान में लड़ चुका था, और वृद्ध नूर, दानिलो की लड़की राद्दा तथा अन्य कई थे।

क्या तुमने मेरी नोन्का को देखा है? वह सौन्दर्य की रानी है। लेकिन राद्दा से उसकी तुलना करना उसे आसमान पर चढ़ाना होगा। राद्दा इतनी सुन्दर थी कि बयान से बाहर। शायद वायलिन का संगीत उसके सौन्दर्य को व्यक्त कर सके। लेकिन यह तभी हो सकता है, जब कि वायलिन-वादक अपनी आत्मा को पूर्णरूपेण उसमें उड़ेलकर रख दे।

राद्दा के प्रेम में न जाने कितने लोग घुल-घुलकर ख़त्म हो गये। एक बार मोराविया के एक धनिक वृद्ध ने उसे देखा और स्तब्ध रह गया। वह अपने घोड़े पर बैठा बस उसे ताकता ही रहा। उसका समूचा बदन इस तरह हिल रहा था मानो उसे जूड़ी आ गयी हो। वह इतना सजा-धजा था कि लगता था जैसे शैतान जश्न मनाने निकला हो। उसका उक्रइनी कोट जरी के काम से अटा था, बग़ल से लटकती उसकी तलवार बहुमूल्य रत्नों से जड़ी थी, जिनसे घोड़े के ज़रा-सा भी हिलने पर बिजली की भाँति चमक निकलती थी, नीले रंग की उसकी मख़मली टोपी ऐसी मालूम होती थी मानो नीले आकाश का एक टुकड़ा नीचे उतरकर उसके सिर पर आ बिराजा हो। बहुत ही बड़ा आदमी था वह खूसट। बस, घोड़े पर बैठा राद्दा को देखता रहा, देखता

रहा। अन्त में उससे बोला - 'एक चुम्बन के लिए सोने की यह थैली न्योछावर कर दूँगा!' राद्दा ने अपना मुँह फेर लिया, और बस। खूसट धनिक ने अब अपना स्वर बदला - 'अगर मैंने तुम्हारा अपमान किया हो तो माफ़ी चाहता हूँ। लेकिन कम से कम एक मुस्कुराहट तो तुम मुझे दे ही सकती हो।' और यह कहते हुए उसने अपनी थैली उसके पाँवों के पास फेंक दी। थैली काफ़ी भारी थी। लेकिन उसने, मानो अनजान में ही पाँव से ठुकराकर उसे धूल में धकेल दिया, इस तरह जैसे उसने उसे देखा तक न हो।

उफ़, पूरी फ़ितना है!" उसने भभकारा भरा और घोड़े के पुट्ठे पर चाबुक फटकार सड़क पर धूल का बादल उड़ाता चला गया।

अगले दिन वह फिर आया। 'इसका बाप कौन है?' उसने पूछा, इतनी तेज़ आवाज़ में कि समूचा कैम्प गूँज उठा। दानिलो आगे बढ़ आया। 'अपनी लड़की मुझे बेच दो। मुँह-माँगे दाम दूँगा।' दानिलों ने जवाब दिया - 'बेचने का काम तो बड़े लोग करते हैं - सूअरों से लेकर उनकी अपनी आत्मा तक, चाहे जो ख़रीद लो। जहाँ तक मेरा सम्बन्ध है, मैं कोशूत की कमान में लड़ चुका हूँ और बेचने का धन्धा नहीं करता।' धनिक ख़ूब गरजा और अपनी तलवार पर उसका हाथ जा पहुँचा। लेकिन तभी किसी ने एक जलते हुई छेपटी घोड़े के कान से छुआ दी - जानवर बिदका और मय अपने मालिक के हवा हो गया। हमने भी अपना डण्डा-डेरा उठाया और सड़क की राह ली। जब हमें सड़क पर चलते पूरे दो दिन हो गये तो एकाएक हमने उसे अपने पीछे आते हुए देखा। 'अरे! सुनो तो,' वह चिल्लाकर बोला - 'मैं क़सम खाकर कहता हूँ कि मेरी नीयत में बदी नहीं है। मैं इस लड़की को अपनी बीवी बनाना चाहता हूँ। मेरी हर चीज़ में तुम्हारा हिस्सा होगा, और यह तुम जानते ही हो कि मैं बहुत धनी हूँ।' उसका अंग-

अंग तमतमा रहा था और वह इस तरह हिल रहा था जैसे हवा में सूखी घास की पत्तियाँ।

उसने जो कुछ कहा था, उस पर हमने विचार किया।

बोल बेटी - दानिलो' अपनी दाढ़ी के भीतर से बुदबुदाया - 'तेरी मन्शा क्या है?'

राद्दा ने जवाब दिया -

अगर बाज़ की संगिनी ख़ुद अपनी मर्जी से किसी कौवे के घोंसले को आबाद करने चली जाये तो तुम्हें कैसा लगेगा?'

दानिलो हँसा, और उसी प्रकार हम सब भी हँस पड़े।

"ख़ूब जवाब दिया, बेटी! कुछ सुना, श्रीमान? आपकी दाल यहाँ ग़लती नज़र नहीं आती। अच्छा हो, काबुक में रहने वाली किसी कबूतरी पर डोरे डालो, वह सहज ही पकड़ में आ जायेगी।" और हम अपने रास्ते पर आगे बढ़ चले।

इस पर उस धनी ने अपनी टोपी सिर से खींचकर ज़मीन पर पटक दी और इतनी तेज़ गति से नौ दो ग्यारह हो गया कि उसके घोड़ों की टापों से धरती हिल उठी। देखा, मेरे नन्हे बाज़, ऐसी थी वह राद्दा।

इसके बाद एक रात, जब कि हम कैम्प में बैठे थे, एकाएक मैदानों की ओर से संगीत की आवाज़ आती सुनायी दी। अद्भुत संगीत था वह। ऐसा कि रगों में रक्त थिरकने लगा, और ऐसा मालूम हुआ जैसे किसी अज्ञात लोक की ओर वह हमें खींचे लिये जा रहा हो। एक ऐसी प्रचण्ड आकांक्षा से उसने हमें भर दिया कि उसके बाद

जैसे जीवन का चरम सुख हमें मिल जायेगा और फिर जीने की कोई आवश्यकता नहीं रह जायेगी, और अगर जीवित रहे भी तो हम समूचे विश्व के स्वामी बनकर जीवित रहेंगे।

तभी अन्धकार में से एक घोड़ा प्रकट हुआ, और इस घोड़े पर एक आदमी बैठा हुआ चिकारा बजा रहा था। हमारे कैम्प की अग्नि के पास आकर वह रुक गया, चिकारा बजाना उसने बन्द कर दिया और मुस्कुराता हुआ हमारी ओर देखने लगा।

"अरे जोबार, तुम हो!" दानिलो ने उछाह से चिल्लाकर कहा।

हां, तो वह लोइको जोबार था। उसकी मूँछों के छोर उसके कन्धों को छूते हुए उसके घुँघराले बालों के साथ घुल-मिल गये थे। उसकी आँखें दो उजले तारों की भाँति चमक रही थीं, और उसकी मुस्कान में तो जैसे सूरज की धूप खिली थी। वह और उसका घोड़ा - ऐसा मालूम होता था मानो - एक ही धातु-खण्ड से काटकर बनाये गये हों। सामने ही वह मौजूद था - अलाव की रोशनी में रक्त की भाँति लाल, जब हँसता था तो उसके दाँत चमक उठते थे। सच, मुझसे अभागा कोई न होता अगर मेरे हृदय में उतना ही प्यार न जगता, जितना कि मैं ख़ुद अपने को प्यार करता हूँ, लेकिन वह था कि उसने एक भी शब्द मुझसे नहीं कहा या कहिए कि मेरे अस्तित्व तक की ओर उसने ध्यान नहीं दिया।

देखा, मेरे नन्हे बाज़, इस दुनिया में ऐसे लोग भी हैं। उसने तुम्हारी आँखों में देखा नहीं कि तुम, मय अपनी आत्मा के, उसके ग़ुलाम हो गये और, बजाय इसके कि तुम इस पर लज्जा का अनुभव करो, तुम एक गर्व से भर जाते हो। लगता है जैसे उसकी मौजूदगी ने

तुम्हें ऊँचा उठा दिया हो। ऐसे लोगों की संख्या अधिक नहीं है। शायद यह अच्छा भी है। अगर दुनिया में अच्छी चीज़ों की भरमार होती, तो उनकी अच्छों में गिनती न होती। लेकिन अब आगे की बात सुनो।

राद्दा ने उससे कहा - 'जोबार, तुम बहुत अच्छा चिकारा बजाते हो। इतनी सुरीली आवाज़ वाला चिकारा तुम्हें किसने बनाकर दिया है? वह हँसा। बोला - 'ख़ुद मैंने बनाया है, और लकड़ी से नहीं, उस युवती के हृदय से मैंने इसका निर्माण किया है, जिसे मैं जी-जान से प्यार करता था - इसके तार उसके हृदय के स्वर हैं। अब भी कभी-कभी इससे - मेरे इस चिकारे से - झूठे स्वर निकलते हैं, लेकिन कमानी को अपने इशारे के अनुसार झुकाना मैं जान गया हूँ।'

पुरुष हमेशा इस बात का प्रयत्न करता है कि अपने प्रति चाह जगाकर लड़की की आँखों को धुँधला बनाये रखे। ऐसा करके उसके नेत्र-बाणों से वह अपने हृदय की रक्षा करता है। और जोबार ने भी ऐसा ही किया। लेकिन वह यह नहीं जानता था कि इस बार किससे उसका पाला पड़ा है। राद्दा ने उससे मुँह फेर लिया और जमुहाई लेते हुए कहा - 'मैंने तो सुना था कि जोबार समझदार और चतुर है। एकदम ग़लत!' और यह कहकर वह दूर चली गयी।

"तुम्हारे दाँत बड़े पैने हैं, सुन्दर लड़की!" जोबार ने कहा और घोड़े से उतरते समय उसकी आँखें चमक उठीं - 'साथियो, अच्छी तरह से तो हो। सोचा, तुमसे मिलता चलूँ। सो चला आया।'

'अच्छा हुआ जो तुम चले आये,' दानिलो ने जवाब दिया - 'हमें इसकी ख़ुशी है।'

हम एक-दूसरे के गले लगे, कुछ देर बातचीत की और फिर सोने चले गये - ख़ूब गहरी नींद सोये। सुबह जब उठे तो देखा कि जोबार के सिर पर पट्टी बँधी है। यह क्यों? मालूम हुआ कि रात को सोते समय घोड़े की लात उसके सिर में लग गयी।

वाह, लेकिन हम जानते थे कि वह कौन-सा घोड़ा है जिसने उसे घायल किया है। और हम मन ही मन मुस्कुराये, और दानिलो भी मुस्कुराया। तो क्या जोबार भी राद्दा से मात खाकर रहेगा? नहीं, बिल्कुल नहीं। ख़ूबसूरती में चाहे वह जितनी बड़ी-चढ़ी हो, लेकिन आत्मा उसकी छोटी है और दुनिया-भर के सोने से लद जाने पर भी छोटी ही बनी रहेगी।

हां, तो हम उसी जगह पर पड़ाव डाले रहे। सभी कुछ मज़े से चल रहा था, और लोइको जोबार भी हमारे साथ ही टिका हुआ था। वह बहुत अच्छा साथी था - बड़े-बूढ़ों की भाँति समझदार, सभी बातों की जानकारी रखने वाला और पढ़ा-लिखा - रूसी और मगयार दोनों ही भाषाएँ वह पढ़ और लिख सकता था। और उसकी बातें - रात बीत जाये फिर भी जी न ऊबे। और जब वह चिकारा बजाता था - सच, मैं अपनी जान की बाजी हारने को तैयार हूँ अगर कोई उसकी टक्कर का दूसरा बजाने वाला खोज लाये। वह कमानी का जैसे ही तारों से स्पर्श करता तो लगता, जैसे हृदय खिचकर बाहर निकल आयेगा। वह कमानी को फिर तारों पर खींचता-हृदय की एक-एक शिराएँ पुलकित हो सुनने लगतीं, रोम-रोम में एक तनाव-सा छा जाता, और वह उसी प्रकार बजाता और मुस्कुराता रहता। हास्य और रुदन के भाव हृदय में उमड़ते-घुमड़ते और एक साथ फूट पड़ना चाहते। कभी ऐसा मालूम होता, मानो कोई जार-जार रो रहा है और मदद की याचना कर रहा है। तब लगता, जैसे हृदय को चाकू से कुरेदा जा रहा है। कभी मालूम

होता कि घास के सुविस्तृत मैदान आकाश को अपने जीवन की कथा सुना रहे हैं - ऐसी कथा, जो उदासी में डूबी है। कभी लगता कि कोई युवती अपने प्रेमी को विदा करते समय विलाप कर रही है। फिर मालूम होता कि उसका प्रेमी घास के मैदानों से उसे पुकार रहा है। इसके बाद, आकाश से उल्कापात की भाँति, आींदपूर्ण और अपने साथ बहा ले जाने वाला स्वर सुनायी पड़ता, और लगता, जैसे आकाश में सूर्य तक उसे सुनकर थिरकने लगा है। ऐसा चिकारा बजाता था वह मेरे नन्हे बाज़!

उस संगीत के स्वर रोम-रोम में समा जाते थे, और लगता था जैसे हमारा अब कोई स्वतन्त्र अस्तित्व नहीं रहा है। अगर उस समय जोबार चिल्लाकर कहता - 'साथियो, अपने चाकू निकाल लो!' तो हममें से प्रत्येक अपना चाकू निकाल लेता, और जिसकी ओर वह इशारा करता, उसी पर टूट पड़ता। चाहता तो वह हममें से किसी को भी अपनी कनकी उँगली के चारों ओर लपेट लेता। हम सब उसे बेहद प्यार करते थे। एक राद्दा ही ऐसी थी, जो उससे कोई वास्ता नहीं रखती थी। यों अपने आपमें वैसे ही यह कुछ कम बुरी बात नहीं थी, लेकिन इसके अलावा वह उसका मज़ाक़ भी उड़ाती थी। वह उसके हृदय में घाव करती थी और बुरी तरह घाव करती थी। वह अपने दाँत भींच लेता, अपनी मूँछों के बाल खींचता, उसकी आँखें कुएँ से भी ज़्यादा गहरी हो जातीं और कभी-कभी उनमें एक ऐसी बिजली-सी कौंधती कि हृदय सहमकर रह जाता। रात को वह दूर घास के मैदानों की गहराइयों में चला जाता और उसका चिकारा सुबह होने तक विलाप करता रहता - अपनी खोई हुई आज़ादी पर सिर धुनता। और हम, पड़े-पड़े, उसके इस विलाप को सुनते और मन ही मन सोचते - 'हे

भगवान, यह क्या होने वाला है?' और हम जानते थे कि जब दो पत्थर एक-दूसरे की ओर लुढ़कते हैं तो उनके रास्ते में जो भी आता है, उसे कुचल डालते हैं। यह थी उस समय की स्थिति।

एक रात अलाव के पास बैठे देर रात तक हम अपने मामलों पर बातचीत करते रहे और जब बातें करते-करते थक चले तो दानिलो जोबार की ओर घूम गया और बोला - 'जोबार, कोई ऐसा गीत सुनाओ, जिससे हमारे दिल ख़ुशी का अनुभव कर सकें।' जोबार ने एक नज़र राद्दा पर डाली, जो कुछ ही दूर धरती पर पड़ी आसमान की ओर देख रही थी। और उसने अपनी कमान को चिकारे के तारों पर से खींचा। चिकारे में से गीत के स्वर प्रकट हुए, इस तरह, मानो कमान चिकारे के तारों को नहीं, वस्तुतः किसी युवती के हृदय के तारों को छेड़ रही हो। और उसने गाया -

अइहो, अइहो! मेरे हृदय में प्रेम न समाये,

स्तेपी सागर की भाँति हिलोरे खाये,

और हमारे घोड़े एकदम निर्भय

हम दोनों को हवा की भाँति उड़ा ले जायें!

राद्दा ने अपना सिर उसकी ओर घुमा लिया, कुहनी के बल उठी और उसके मुँह की ओर खिलखिलाकर हँसने लगी। जोबार का चेहरा तमतमाकर लाल हो गया।

अइहो, अइहो! मेरे सच्चे जीवन-साथी

निकट अँधियारी का अब अन्त,

छाई रात की परछाइयाँ अभी मैदानो पर घास के,

लेकिन इससे क्या, नापेंगे हम आकाश की ऊँचाइयों को!

दिन के स्वागत के लिए तेज़ करो घोड़ों को अपने,

जो थिरक रहा है अब सुविस्तृत मैदानों में,

लेकिन देखो, चन्द्रमा सुन्दरी को निहार

भटक न जाना तुम, और रह न जाये स्वागत रवि-किरणों का!

कितना बढ़िया गाया! आजकल इस तरह के गीत दुर्लभ हो गये हैं। लेकिन राद्दा दबे स्वर में फुसफुसा उठी -

तुम्हारी जगह मैं होती तो कभी इस तरह आकाश में घोड़े न दौड़ाती। अगर सिर के बल जोहड़ में आ गिरे तो तुम्हारी ये सुन्दर मूँछें ख़राब हो जायेंगी।'

जोबार ने ग़ुस्से में भरकर उसकी ओर देखा, लेकिन कहा कुछ नहीं। उसने अपने आपको क़ाबू से बाहर नहीं जाने दिया और गाना जारी रखा -

अइहो, अइहो! रवि-किरणें गर आकर

देखेंगी - हम दोनों को नींद में डूबा,

होगे लज्जा से मुँह लाल हमारे,

गर नहीं उठे, और रहे हम लम्बी ताने!

कितना शानदार गीत है!' दानिलो ने कहा - 'इससे अच्छा गीत अपने जीवन में पहले कभी नहीं सुना, अगर मैं ग़लत कहता हूँ तो शैतान मुझे आदमी से पाइप बना डाले।'

वृद्ध नूर अपने गल-मुच्छों को सहलाकर अपने कन्धों को बिचका रहा था, जोबार के साहसपूर्ण गीत ने हम सभी के दिल खिला दिए थे। लेकिन राद्दा को वह पसन्द नहीं आया। कहने लगी -

ऐसे ही एक बार बाज़ की आवाज़ की नक़ल में एक मच्छर को भनभनाते मैंने सुना था!'

ऐसा मालूम हुआ, जैसे उसने हम सबके सिरों पर बर्फ़ का पानी उँड़ेल दिया हो। दानिलो बड़बड़ा उठा - 'कोड़े का मुँह देखे शायद बहुत दिन हो गये हैं, राद्दा!' लेकिन जोबार ने, जिसका चेहरा धरती की भाँति काला पड़ गया था, अपनी टोपी उतारकर नीचे फेंक दी और बोला -

'ठहरो, दानिलो! गरमाये हुए घोड़े के लिए इस्पाती लगाम की ज़रूरत होती है। अपनी लड़की की शादी तुम मेरे साथ कर दो!'

'क्या बात कही है तुमने,' दानिलो मुस्कुराया - 'ले लो, अगर तुम ले सको।'

'अच्छी बात है,' जोबार ने कहा और फिर राद्दा की ओर मुड़ते हुए बोला - 'अब ज़रा अपने हवाई घोड़े से नीचे उतर आओ, लड़की, और सुनो जो मैं कहता हूँ। अपने जीवन में अनेक - हाँ अनेक - लड़कियों से मेरा पाला पड़ा, लेकिन उनमें से एक भी तुम्हारी तरह मेरे हृदय को अपने कब्जे में नहीं कर सकीं। आह, राद्दा, तुमने मेरी आत्मा को बन्दी बना लिया है। इसमें किसी का बस नहीं, जो होना है सो होकर

रहेगा - और इस दुनिया में ऐसा घोड़ा कोई नहीं है जो मानव को ख़ुद उससे दूर कहीं ले जा सके। ख़ुदा और स्वयं अपनी आत्मा की साक्षी तथा तुम्हारे पिता और इन सब लोगों की मौजूदगी में मैं तुम्हें अपनी पत्नी बनाता हूँ लेकिन एक बात चेताये देता हूँ कि मेरी आज़ादी में आड़े आने की कोशिश न करना, मैं आज़ादी-पसन्द आदमी हूँ और हमेशा वैसे ही रहूँगा, जैसे मेरा जी चाहेगा।'

दांतों को कसकर दाबे और अपनी आँखों को धधकाये वह उसके पास जा पहुँचा। हमने उसे राद्दा की ओर हाथ बढ़ाते हुए देखा और सोचा, 'आख़िर राद्दा ने सुविस्तृत मैदानों के इस बनैले घोड़े के मुँह में लगाम डाल ही दी।' लेकिन तभी, एकाएक, जोबार की बाहें फैल गयीं और उसका सिर धरती से जा टकराया।

यह क्या हो गया? ऐसा मालूम होता था, जैसे गोली ने उसका सीना छलनी कर दिया हो। लेकिन यह तो राद्दा का चाबुक था, जिसने उसकी टाँगों में फन्दा डाल झटका देकर उसे गिरा दिया था।

और वह अब फिर, पहले की भाँति, निश्चल लेट गयी। उसके होंठों पर उपेक्षापूर्ण मुस्कुराहट खेल रही थी। हम सब, सकते की हालत में, यह देख रहे थे कि अब क्या होता है। जोबार उठकर बैठ गया और अपने हाथों में उसने अपना सिर पकड़ लिया, मानो उसे डर हो कि कहीं वह टुकड़े-टुकड़े होकर बिखर न जाये। फिर वह चुपचाप उठा और, एक बार भी किसी की ओर देखे बिना, मैदानों की ओर चल दिया। नूर ने फुसफुसाकर मुझसे कहा - 'अच्छा हो तुम इस पर नज़र रखो।' सो मैं भी उसके पीछे-पीछे रात के अँधेरे में मैदानों में रेंगता हुआ चला। ज़रा ख़याल तो करो, मेरे नन्हे बाज़।'

मकर ने अपने पाइप के कटोरे में से राख झाड़-खुरचकर बाहर फेंक दी और उसे फिर भरने लगा। मैंने कोट के पल्ले खींचकर उसे अपने बदन के इर्द-गिर्द कसकर सटा लिया और धरती पर लेट गया। इस तरह धूप तथा हवा से ताँबा बना उसका वृद्ध चेहरा और भी अच्छी तरह दिखायी देता था। वह मन ही मन कुछ बड़बड़ा रहा था और अपनी बात को बल प्रदान करने के लिए गम्भीरता के साथ अपना सिर भी हिलाता जाता था। उसकी भूरी मूँछों में बल पड़ रहे थे और हवा उसके बालों को छेड़ रही थी। उसे देखकर मुझे एक पुराने ओक वृक्ष की याद हो आयी, जिस पर बिजली आ गिरी थी, लेकिन जो अभी भी मज़बूत और शक्तिशाली था और अपनी इस शक्ति के गर्व में सिर ऊँचा किये खड़ा था। समुद्र की लहरें अभी भी रेत के कानों में कुछ गुनगुना रही थीं और हवा उनकी इस ध्वनि को घास के मैदानों में फैला रही थी। नोन्का ने गाना बन्द कर दिया था। आकाश में बादल घिर आये थे और शरद की रात्रि का अन्धकार और भी ज़्यादा घना हो उठा था।

लोइको जोबार के डग बड़ी मुश्किल से उठ रहे थे। काफ़ी प्रयास के बाद वह एक के बाद दूसरा डग उठाता था। उसकी गरदन झुकी थी और बाहें चाबुक की डोरियों की भाँति बेजान-सी झूल रही थीं। एक पतली-सी धारा के तट पर पहुँच वह एक पत्थर पर बैठ गया और एक कराह भरी। उसकी कराह की आवाज़ से मेरा हृदय व्यथित हो उठा, लेकिन मैं उसके निकट नहीं गया। शब्दों से क्या मानव का दुख हल्का होता है? नहीं, उनमें इतनी सामर्थ्य नहीं। यही तो मुसीबत है। उसे वहाँ बैठे-बैठे एक घण्टा बीत गया, फिर दूसरा और इसके बाद तीसरा। बिना हिले-डुले, वह बस बैठा ही रहा।

सहसा राद्दा पर मेरी नज़र पड़ी। वह कैम्प की ओर से तेज़ी से हमारी दिशा में बढ़ रही थी।

मेरी ख़ुशी का वारपार नहीं रहा। 'बहुत ख़ूब, राद्दा, तुम बहादुर लड़की हो!' मैंने सोचा। वह चुपचाप, बिना किसी आहट के, जोबार के पास जाकर खड़ी हो गयी। उसने अपने हाथ उसके कन्धों पर रख दिए। वह चौंक उठा, अपने हाथों को उसने मुक्त किया और सिर उठाकर देखा। अगले ही क्षण वह अपने पाँवों पर खड़ा हो गया और अपने चाकू को उसने निकाल लिया। 'हे भगवान, क्या वह उसे मार डालेगा?' - मैंने सोचा और उछलकर मदद के लिए पुकारना ही चाहता था कि तभी मैंने सुना - 'इसे फेंक दो, नहीं तो मैं तुम्हारा सिर उड़ा दूँगी।'

मैंने देखा कि राद्दा के हाथ में पिस्तौल है और वह लोइको के सिर का निशाना साधे है। लड़की क्या थी, शैतान की खाला थी। 'अच्छा है,' मैंने सोचा - 'कम से कम ताक़त में दोनों बराबर हैं। पता नहीं, अब क्या होगा?'

मैं तुम्हें मारने नहीं, बल्कि तुमसे सुलह करने आयी थी,' पिस्तौल को अपनी पेटी में खोंसते हुए राद्दा ने कहा - 'अपना चाकू दूर फेंक दो। उसने चाकू दूर फेंक दिया और उबलती हुई नज़र से उसकी ओर देखने लगा। क्या दृश्य था वह भी! चोट खाये जंगली पशुओं की भाँति दोनों एक-दूसरे पर नज़र गड़ाये थे, दोनों ही इतने सुन्दर और बहादुर थे। और रुपहले चाँद तथा मेरे सिवा और कोई भी उन्हें नहीं देख रहा था।

सुनो, जोबार, मैं तुमसे प्रेम करती हूँ,' राद्दा ने कहा। वह केवल कन्धे बिचकाकर रह गया - उस आदमी की भाँति, जिसके हाथ और पाँव बँधे हों।

अनेक आदमियों से मेरा वास्ता पड़ा है, लेकिन तुम उन सबसे बहादुर और सुन्दर हो। अगर मैं ज़रा भी इशारा करती तो उनमें से हरेक अपनी मूँछें मुड़ाने के लिए तैयार हो जाता, मेरे पाँव की धूल तक चाटने में ज़रा भी आनाकानी न करता। लेकिन मैं ऐसा करती ही क्यों? बहादुर उनमें एक नहीं था और मेरे साथ रहकर उन्हें स्त्रैण बनते ज़रा भी देर न लगती। जिप्सियों में बहादुर बहुत ही कम रह गये हैं, जोबार, बहुत ही कम। अब तक किसी से भी मैं प्यार नहीं कर सकी। लेकिन, जोबार, तुम्हें मैं प्यार करती हूँ। और आज़ादी भी मुझे उतनी ही प्यारी है। नहीं, अपनी आज़ादी को मैं तुमसे भी ज़्यादा प्यार करती हूँ। लेकिन मैं अब तुम्हारे बिना उसी तरह जीवित नहीं रह सकती, जिस तरह कि तुम मेरे बिना जीवित नहीं रह सकते। और मैं चाहती हूँ कि तुम मेरे बनो - शरीर और आत्मा दोनों से मेरे। सुन रहे हो न?'

जोबार छोटी-सी हँसी हँसा। फिर बोला - 'सुन रहा हूँ। तुम्हारी बातें बड़ी अच्छी लग रही हैं। कहे जाओ!'

'मुझे इतना ही और कहना है, जोबार, कि तुम चाहे जो करो, मैं तुम्हें अपनी गिरफ्त से न जाने दूँगी। तुम निश्चय ही मेरे बनकर रहोगे। और इसलिए अधिक समय गँवाने से कोई लाभ नहीं। मेरे चुम्बन और आलिंगन तुम्हारी बाट जोह रहे हैं, और अपने चुम्बनों में समूचा प्राण उँड़ेलकर रख दूँगी, जोबार। उनके माधुर्य के सामने तुम अपना सारा पिछला वीरतापूर्ण जीवन भूल जाओगे। तुम्हारे छलछलाते हुए आह्लादपूर्ण गीत, जिन्हें जिप्सी इतने चाव से सुनते हैं और जो इस

सुविस्तृत मैदान में गूँजते हैं, उन्हें भूलकर अब तुम केवल मेरे लिए - राद्दा के लिए - प्रेम के कोमल गीत गाओगे। अब और ज़्यादा समय न गँवाओ। कहने का मतलब यह कि कल से तुम उसी लगन से मेरी सेवा करोगे, जिस लगन से एक युवक अपने पुराने साथी की सेवा करता है। और समूचे कैम्प की मौजूदगी में तुम मेरे क़दमों के आगे झुकोगे और मेरे दाहिने हाथ का चुम्बन करोगे, केवल तभी मैं तुम्हारी पत्नी बन सकूँगी।'

हां तो इस लड़की के - शैतान की इस खाला के - मन का भेद अब खुला। ऐसी बात न पहले कभी देखी थी, न सुनी थी। बड़े-बूढ़ों से यह ज़रूर सुना था कि मोन्टेनेग्रिन लोगों में, प्राचीन काल में, इस तरह की कथा प्रचलित थी, लेकिन जिप्सियों में ऐसी प्रथा का चलन कभी नहीं था। तुम्हीं बताओ, मेरे युवक दोस्त, इससे अधिक औघड़पन की बात भला और क्या होगी? पूरे एक साल तक दिमाग़ को कुरेदने के बाद भी तुम ऐसी बात नहीं सोच सकोगे।

जोबार को जैसे किसी ने लोहे से दाग दिया---तिलमिलाहट भरी उसकी चीख़ - एक ऐसे आदमी की चीख़, जिसके हृदय में किसी ने छुरा भोंक दिया हो - समूचे मैदान में गूँज गयी। राद्दा काँपी, लेकिन उसने अपने भावों को प्रकट नहीं होने दिया।

'अच्छा तो कल तक के लिए विदा और कल तुम वह सब करोगे जो मैंने तुमसे कहा है। क्यों, सुन रहे हो न, जोबार?'

हाँ, सुन रहा हूँ। जो कहती हो, करूँगा,' जोबार ने कराहते हुए कहा और अपनी बाहें उसकी ओर बढ़ा दीं, लेकिन वह चली गयी, नज़र घुमाकर उसने उसकी ओर देखा तक नहीं, और वह आँधी से

टूटे रुख की भाँति उखड़कर धरती पर जा गिरा, बुरी तरह सुबकियाँ लेता और बिलबिलाता हुआ।

यह सब, बुरा हो उसका, कमबख़्त राद्दा की करतूत थी। मैं उसे सँभाले नहीं सँभाल सका।

आख़िर यह वेदना किसलिए?---क्यों लोगों को इतना कुछ सहना पड़ता है? कौन ऐसा शैतान है, जो उस आदमी की कराहों को सुनकर ख़ुश होगा, जिसका हृदय टूक-टूक हो गया हो? आह, कौन है, जो इस भारी गुत्थी को सुलझा सके?

कैम्प में लौटकर, जो कुछ हुआ था, वह सब मैंने बड़े-बूढ़ों से कह दिया। हमने मामले पर विचार कर तय किया कि अभी देखा जाये, आगे क्या होता है। और जो कुछ हुआ, वह यह है। साँझ को सदा की भाँति जब हम अलाव के इर्द-गिर्द जमा हुए तो जोबार भी हमारे साथ आ बैठा। वह उदासी में डूबा था। उस एक ही रात में वह झटक गया था और उसकी आँखें गढ़ों में धँसी थीं। वह उन्हें - अपनी आँखों को - ज़मीन में गड़ाये था। एक बार भी उसने उन्हें ऊपर नहीं उठाया और उसी मुद्रा में बोला -

साथियो, स्थिति अब इस प्रकार है। सारी रात मैं अपने हृदय को टटोलता रहा और मैंने देखा कि जिस आज़ादी-पसन्द जीवन को मैं अब तक बिताता रहा हूँ, उसके लिए मेरे हृदय में अब कोई जगह नहीं है। उसके हर कोने में राद्दा ने दख़ल कर लिया है। वही राद्दा, जो सुन्दर है शाही मुस्कान जिसके होंठों पर खेलती रहती है। वह अपनी आज़ादी को मुझसे भी ज़्यादा प्यार करती है, लेकिन मैं अपनी आज़ादी से अधिक उसे प्यार करता हूँ और इसलिए मैंने तय कर लिया

है कि राद्दा के आदेश के आगे घुटने टेक दूँ कि सब लोग देखें कि किस प्रकार उसके सौन्दर्य ने मुझे - लोहे के उस जोबार को - अपना ग़ुलाम बना लिया है, जो उससे भेंट होने से पहले तक स्त्रियों से ऐसे खेलता था, जैसे बिल्ली चूहे से खेलती है। अब वह मेरी पत्नी बन जायेगी, अपने चुम्बन और प्यार-दुलार मुझ पर न्योछावर करेगी, मैं इतना अभिभूत हो उठूँगा कि तुम्हें अपने गीत सुनाने की आकांक्षा मेरे मन में बाक़ी नहीं रहेगी और अपनी आज़ादी का अभाव मेरे मन में ज़रा भी कसक नहीं पैदा करेगा। क्यों, ऐसा ही होगा न, राद्दा?'

यह कहने के बाद उसने अपनी आँखें उठायी और राद्दा पर अपनी प्रचण्ड दृष्टि जमा दी। राद्दा ने बिना कुछ बोले अपनी गरदन हिलायी और अपने सामने की धरती की ओर इशारा किया। हमारी समझ से बाहर था कि इतना उलट-फेर कैसे हो गया। हमारे मन में यह तक हुआ कि यहाँ से उठकर कहीं दूर चले जायें, जिससे लोइको जोबार को एक छोकरी के - चाहे वह ख़ुद राद्दा ही क्यों न हो - पाँवों पर गिरते न देखना पड़े। हमें लगा जैसे यह एक लज्जा की - एक गहरे दुख की - बात हो।

'हाँ तो अब?' राद्दा ने जोबार से चिल्लाकर कहा।

ऐसी जल्दी क्या है? काफ़ी समय मौजूद है - इतना अधिक कि तुम मुझसे उकता जाओ,' जोबार हँसा और उसकी इस हँसी में ठण्डे लोहे ऐसी झंकार थी।

हाँ तो, साथियो, सारी स्थिति तुम्हारे सामने है। मुझे अब और क्या करना है? मेरे लिए अब केवल यही देखना बाक़ी है कि राद्दा का हृदय क्या सचमुच इतना हठीला है कि वह हम सबको ऐसा सोचने के लिए मजबूर कर सके। माफ़ करना, मैं इसकी परीक्षा लूँगा।'

और इससे पहले कि हम कुछ भाँप पाते कि उसका इरादा क्या है, हमने देखा कि राद्दा धरती पर पड़ी है और जोबार का चाकू मूठ तक उसकी छाती में धँसा हुआ है। हमें जैसे काठ मार गया।

लेकिन राद्दा ने चाकू को खींचकर बाहर निकाला और उसे एक ओर फेंक दिया, अपने काले बालों की एक लट से घाव को ढँका और मुस्कुराते हुए सुस्पष्ट और ज़ोरदार आवाज़ में बोली -

अच्छा तो विदा, जोबार। मैं जानती थी कि तुम ऐसा करोगे।' और इन शब्दों के साथ उसके प्राण-पखेरू उड़ गये।

देखा तुमने, मेरे युवक दोस्त, कि वह कैसी लड़की थी? एकदम शैतान की खाला, ऐसी कि ढूँढ़े न मिले। ओ मेरे भगवान!

अब मैं तेरे पाँवों की धूल लूँगा, मेरी गर्वीली रानी,' जोबार ने कहा और उसकी तेज़ आवाज़ सुविस्तृत मैदानों में गूँज उठी। फिर, धरती पर गिरकर, मृत राद्दा के पाँवों से उसने अपने होंठ सटा दिए और इसी प्रकार निश्चल पड़ा रहा। हमने अपने सिर नंगे कर लिए और मौन खड़े रहे।

ऐसे क्षणों में क्या कुछ कहा जा सकता है? नहीं, कुछ नहीं। नूर बड़बड़ाया - 'इसकी मुश्कें कस लो।' लेकिन लोइको को बाँधने के लिए किसी के हाथ नहीं बढ़े। ऐसा एक भी माई का लाल नहीं था, और नूर यह जानता था। सो वह मुड़ा और वहाँ से खिसक गया। दानिलो ने वह चाकू उठाया, जिसे राद्दा ने दूर फेंक दिया था, और कुछ क्षण एकटक उसे देखता रहा। उसके गलमुच्छे बल खा रहे थे। चाकू के धारदार और टेढ़े फलके पर राद्दा के ख़ून के चिह्न अभी भी मौजूद थे। चाकू हाथ में लिए दानिलो जोबार के पास पहुँचा और उसे उसकी पीठ

में - हृदय के निकट भोंक दिया। आख़िर वह - वृद्ध सैनिक दानिलो - राद्दा का पिता ही तो था।

जो कसर थी, वह तुमने पूरी कर दी,' दानिलो की ओर मुड़ते हुए जोबार ने कहा, एकदम सुस्पष्ट आवाज़ में, और इसके बाद उसके प्राण-पखेरू भी राद्दा के पास उड़ चले।

हम वैसे ही खड़े थे और हमारी आँखें उन पर टिकी थीं, सामने, उसी जगह, राद्दा पड़ी थी, बालों की लट को हाथ से अपने सीने पर दबाये। उसकी आँखें पूरी खुली थीं और नीले आकाश की थाह ले रही थीं। वीर लोइको जोबार उसके पाँवों के पास पड़ा था। उसके घुँघराले बालों ने उसके चेहरे को ढककर हमारी नज़रों से ओझल कर दिया था।

कुछ देर तक हम उसी प्रकार सोच में डूबे खड़े रहे। वृद्ध दानिलो के गलमुच्छे काँप रहे थे और उसकी घनी भौंहें खिची हुई थीं। उसने सिर उठाकर आकाश की ओर देखा और देखता ही रह गया। उसके मुँह से एक भी शब्द नहीं निकला। लेकिन वृद्ध नूर ज़मीन पर पड़ा था और उसका समूचा शरीर सुबकियों के साथ हिल रहा था।

और यह अकारण नहीं था, मेरे नन्हे बाज़!

इससे जो सीख मिलती है, वह यह कि किसी भी मोह में पड़कर उस पथ को न छोड़ो, जो कि तुमने अपने लिए चुना है। सीधे आगे बढ़ते जाओ - और तब, शायद, तुम्हें बुरे अन्त का मुँह नहीं देखना पड़ेगा।

"हां तो, मेरे नन्हे बाज़, पूरी कहानी मैंने तुम्हें सुना दी।"

इसके बाद मकर चुप हो गया, अपने पाइप को उसने तम्बाकू की थैली में डाला और कोट के पल्ले खींचकर अपनी छाती को ढँक लिया। अब महीन बौछारें पड़ रही थीं और हवा पहले से भी ज़्यादा तेज़ हो गयी थी। लहरें, और भी झुँझलाहट में भरी, सिर धुन रही थीं और उनकी धुँधली गरज सुनायी पड़ रही थी। घोड़े एक-एक करके बुझती हुई आग के पास सिमट आये, अपनी बड़ी-बड़ी संवेदनशील आँखों से उन्होंने हमें देखा और फिर हमारे चारों ओर घेरा बनाकर खड़े हो गये।

"एइहो!" मकर ने उन्हें दुलार से उन्हें पुकारा और जब वह अपने प्रिय घोड़े कालू की पीठ थपथपा चुका तो उसने मेरी ओर मुड़ते हुए कहा, "अब सोने की जुगत करनी चाहिए।" अपने कौकशी कोट में सिर से पाँव तक अपना समूचा बदन लपेट, वह ज़मीन पर लम्बा पसर गया और निश्चल पड़ा रहा।

मेरी आँखों में नींद नहीं थी। मैं वहीं बैठा स्तेपी के अन्धकार की थाह लेता रहा और मेरी आँखों के सामने राद्दा का - उस गर्वीली, निर्बाध और सुन्दर राद्दा का - चित्र तैरता रहा। बालों की लट हाथ में लिये वह अपने सीने के घाव को उससे ढँके थी और उसकी पीली पड़ी कोमल उँगलियों के बीच से रक्त की बूँदे चूती हुई धरती पर गिरकर अग्निमय चिनगारियों की भाँति छितरा जाती थीं।

और उसके पीछे लोइको जोबार की वीर आकृति तैर रही थी। काले बालों के घुँघराले लच्छे उसके चेहरे पर छाये थे और बालों के नीचे से बड़े-बड़े बर्फ़-से ठण्डे आँसुओं की धारा बह रही थी।

बारिश तेज़ हो गयी और समुद्र इन दो सुन्दर जिप्सियों के -

लोइको जोबार और वृद्ध सैनिक दानिलो की लड़की राद्दा के - शोक में गम्भीर निनाद कर रहा था।

और वे दोनों, रात के उस अन्धकार में, एक-दूसरे का पीछा करते बगूले की भाँति लपक रहे थे - एकदम निःशब्द और अत्यन्त कमनीय, और सुन्दर जोबार - लाख चक्कर काटने और कोशिश करने के बाद भी - गर्वीली राद्दा को पकड़ नहीं पा रहा था।

वह लड़का

यह छोटी-सी कहानी सुनाना काफी कठिन होगा-इतनी सीधी-सादी है यह! जब मैं अभी छोटा ही था, तो गरमियों और वसन्त के दिनों में रविवार को, अपनी गली के बच्चों को इकट्ठा कर लेता था और उन्हें खेतों के पार, जंगल में ले जाता था। इन पंछियों की तरह चहकते, छोटे बच्चों के साथ दोस्तों की तरह रहना मुझे अच्छा लगता था।

बच्चों को भी नगर की धूल और भीड़ भरी गलियों से दूर जाना अच्छा लगता था। उनकी माँएँ उन्हें रोटियाँ दे देतीं, मैं कुछ मीठी गोलियाँ खरीद लेता, क्वास की एक बोतल भर लेता और फिर किसी गड़रिये की तरह भेड़ों के बेपरवाह मेमनों के पीछे-पीछे चलता जाता-शहर के बीच, खेतों के पार, हरे-भरे जंगल की ओर, जिसे वसन्त ने अपने सुन्दर वस्त्रों से सजा दिया होता।

आमतौर पर हम सुबह-सुबह ही शहर से बाहर निकल आते,

जब कि चर्च की घण्टियाँ बज रही होतीं और बच्चों के कोमल पाँवों के जमीन पर पड़ने से धूल उठ रही होती। दोपहर के वक्त, जब दिन की गरमी अपने शिखर पर होती, तो खेलते-खेलते थककर, मेरे मित्र जंगल के एक कोने में इकट्ठे हो जाते। तब खाना खा लेने के बाद छोटे बच्चे घास पर ही सो जाते-झाड़ियों की छाँव में-जबकि बड़े बच्चे मेरे चारों ओर घिर आते और मुझे कोई कहानी सुनाने के लिए कहते। मैं कहानी सुनाने लगता और उसी तेजी से बतियाता, जिससे मेरे दोस्त और जवानी के काल्पनिक आत्मविश्वास तथा जिन्दगी के मामूली ज्ञान के हास्यास्पद गर्व के बावजूद मैं अक्सर अपने आपको विद्वानों से घिरा हुआ किसी बीस वर्षीय बच्चे-सा महसूस करता।

हमारे ऊपर अनन्त आकाश फैला है, सामने है जंगल की विविधता-एक जबरदस्त खामोशी में लिपटी हुई; हवा का कोई झोंका खड़खड़ाता हुआ पास से निकल जाता है, कोई फुसफुसाहट तेजी से गुजर जाती है, जंगल की सुवासित परछाइयाँ काँपती हैं और एक बार फिर एक अनुपम खामोशी आत्मा में भर जाती है।

आकाश के नील विस्तार में श्वेत बादल धीरे-धीरे तैर रहे हैं, सूरज की रोशनी से तपी धरती से देखने पर आसमान बेहद शीतल दिखता है और पिघलते हुए बादलों को देखकर बड़ा अजीब-सा लगता है।

और मेरे चारों ओर हैं ये छोटे-छोटे, प्यारे बच्चे, जिन्हें जिन्दगी के सभी गम और खुशियाँ जानने के लिए मैं बुला लाया हूँ।

वे थे मेरे अच्छे दिन-वे ही थीं असली दावतें, और जिन्दगी के अँधेरों से ग्रसित मेरी आत्मा, जो बच्चों के खयालों और अनुभूतियों की स्पष्ट विद्वत्ता में नहाकर तरो-ताजा हो उठती थी।

एक दिन जब बच्चों की भीड़ के साथ शहर से निकलकर मैं एक खेत में पहुँचा, तो हमें एक अजनबी मिला - एक छोटा-सा यहूदी - नंगे पाँव, फटी कमीज, काली भृकुटियाँ, दुबला शरीर और मेमने-से घुँघराले बाल। वह किसी वजह से दुखी था और लग रहा था कि वह अब तक रोता रहा है। उसकी बेजान काली आँखें सूजी हुईं और लाल थीं, जो उसके भूख से नीले पड़े चेहरे पर काफी तीखी लग रही थीं। बच्चों की भीड़ के बीच से होता हुआ, वह गली के बीचोंबीच रुक गया, उसने अपने पाँवों को सुबह की ठण्डी धूल में दृढ़ता से जमा दिया और सुघड़ चेहरे पर उसके काले ओठ भय से खुल गये - अगले क्षण, एक ही छलाँग में, वह फुटपाथ पर खड़ा था।

"उसे पकड़ लो!" सभी बच्चे एक साथ खुशी से चिल्ला उठे, "नन्हा यहूदी! नन्हे यहूदी को पकड़ लो!"

मुझे उम्मीद थी कि वह भाग खड़ा होगा। उसके दुबले, बड़ी आँखोंवाले चेहरे पर भय की मुद्रा अंकित थी। उसके ओठ काँप रहे थे। वह हँसी उड़ाने वालों की भीड़ के शोर के बीच खड़ा था। वह पाँव उठा-उठाकर अपने आपको जैसे ऊँचा बनाने को कोशिश कर रहा था। उसने अपने कन्धे राह की बाड़ पर टिका दिये थे और हाथों को पीठ के पीछे बाँध लिया था।

और तब अचानक वह बड़ी शान्त और साफ और तीखी आवाज में बोल उठा - "मैं तुम लोगों को एक खेल दिखाऊँ?"

पहले तो मैंने सोचा कि यह उसका आत्मरक्षा का कोई तरीका रहा होगा - बच्चे उसकी बात में रुचि लेने लगे और उससे दूर हट गये। केवल बड़ी उम्र के और अधिक जंगली किस्म के लड़के ही उसकी

ओर शंका और अविश्वास से देखते रहे - हमारी गली के लड़के दूसरी गलियों के लड़कों से झगड़े हुए थे। उनका पक्का विश्वास था कि वे दूसरों से कहीं ज्यादा अच्छे हैं और वे दूसरों की योग्यता की ओर ध्यान देने को भी तैयार नहीं थे।

पर छोटे बच्चों के लिए यह मामला एकदम सीधा-सादा था।

"दिखाओ - जरूर दिखाओ!"

वह खूबसूरत, दुबला-पतला लड़का बाड़ से परे हट गया। उसने अपने छोटे-से शरीर को पीछे की ओर झुकाया। अपनी अँगुलियों से जमीन को छुआ और अपनी टाँगों को ऊपर की ओर उछालकर हाथों के बल खड़ा हो गया।

तब वह घूमने लगा, जैसे कोई लपट उसे झुलसा रही हो - वह अपनी बाँहों और टाँगों से खेल दिखाता रहा। उसकी कमीज और पैण्ट के छेदों में से उसके दुबले-पतले शरीर की भूरी खाल दिखाई दे रही थी - कन्धे, घुटने और कुहनियाँ तो बाहर निकले ही हुए थे। लगता था, अगर एक बार फिर झुका, तो ये पतली हड्डियाँ चटककर टूट जाएँगी। उसका पसीना चूने लगा था। पीठ पर से उसकी कमीज पूरी तरह भीग चुकी थी। हर खेल के बाद वह बच्चों की आँखों में, बनावटी, निर्जीव मुसकराहट लिये हुए, झाँककर देख लेता। उसकी चमक रहित काली आँखों का फैलना अच्छा नहीं लग रहा था - जैसे उनमें से पीड़ा झलक रही थी। वे अजीब ही ढंग से फड़फड़ाती थीं और उसकी नजर में एक ऐसा तनाव था, जो बच्चों की नजर में नहीं होता। बच्चे चिल्ला-चिल्लाकर उसे उत्साहित कर रहे थे। कई-एक तो उसकी नकल करने लगे थे।

लेकिन अचानक ये मनोरंजक क्षण खत्म हो गये। लड़का अपनी कलाबाजी छोड़कर खड़ा हो गया और किसी अनुभवी कलाकार की-सी नजर से बच्चों की ओर देखने लगा। अपना दुबला-सा हाथ आगे फैलाकर वह बोला, "अब मुझे कुछ दो!"

वे सब खामोश थे। किसी ने पूछा, "पैसे?"

"हाँ," लड़के ने कहा।

"यह अच्छी रही! पैसे के लिए ही करना था, तो हम भी ऐसा कर सकते थे..."

लड़के हँसते हुए और गालियाँ बकते हुए खेतों की ओर दौड़ने लगे। दरअसल उनमें से किसी के पास पैसे थे भी नहीं और मेरे पास केवल सात कोपेक थे। मैंने दो सिक्के उसकी धूल भरी हथेली पर रख दिये। लड़के ने उन्हें अपनी अँगुली से छुआ और मुसकराते हुए बोला, "धन्यवाद!"

वह जाने को मुड़ा, तो मैंने देखा कि उसकी कमीज की पीठ पर काले-काले धब्बे पड़े हुए थे।

"रुको, वह क्या है?"

वह रुका, मुड़ा, उसने मेरी ओर ध्यान से देखा और बड़ी शान्त आवाज में मुस्कराते हुए बोला, "वह, पीठ पर? ईस्टर के मौके पर एक मेले में ट्रपीज करते हुए हम गिर पड़े थे - पिता अभी तक चारपाई पर पड़े हैं, पर मैं बिलकुल ठीक हूँ।"

मैंने कमीज उठाकर देखा - पीठ की खाल पर, बायें कन्धे से

लेकर जाँघ तक, एक काला जख़्म का निशान फैला हुआ था, जिस पर मोटी, सख्त पपड़ी जम चुकी थी। अब खेल दिखाते समय पपड़ी फट गयी थी और वहाँ से गहरा लाल खून निकल आया था।

"अब दर्द नहीं होता," उसने मुस्कराते हुए कहा, "अब दर्द नहीं होता... बस, खुजली होती है..."

और बड़ी बहादुरी से, जैसे कोई हीरो ही कर सकता है, उसने मेरी आँखों में झाँका और किसी बुज़ुर्ग की-सी गम्भीर आवाज में बोला, "तुम क्या सोचते हो कि अभी मैं अपने लिए काम कर रहा था! कसम से-नहीं! मेरे पिता... हमारे पास एक पैसा तक नहीं है। और मेरे पिता बुरी तरह जख्मी हैं। इसलिए - एक को तो काम करना ही पड़ेगा, साथ ही... हम यहूदी हैं न! हर आदमी हम पर हँसता है... अच्छा अलविदा!"

वह मुस्कराते हुए, काफी खुश-खुश बात कर रहा था। और तब अपने घुँघराले बालोंवाले सिर को झटका देकर अभिवादन करते हुए वह चला गया - उन खुले दरवाजों वाले घरों के पार, जो अपनी काँच की मारक उदासीनता भरी आँखों से उसे घूर रहे थे।

ये बातें कितनी साधारण और सीधी हैं - हैं न? लेकिन अपने कठिनाई के दिनों में मैंने अक्सर उस लड़के के साहस को याद किया है - बड़ी कृतज्ञता से भर कर!

हड़ताल

नेपल्ज़ के ट्राम-कर्मचारियों ने हड़ताल कर दी थी। रिव्येरा कयाया सड़क की पूरी लम्बाई में ट्राम के खाली डिब्बे खड़े थे और विजय-चैक में ड्राइवरों तथा कंडक्टरों की भीड़ जमा थी – बड़े ही ख़ुशमिज़ाज, हो-हल्ला करने वाले और पारे की तरह चंचल नेपल्जवासियों की भीड़। इन लोगों के सिरों और बाग़ के जंगले के ऊपर तलवार की तरह पतली फ़व्वारे की धार हवा में चमक रही थी। जिन लोगों को इस बड़े नगर के सभी भागों में काम-काज से जाना था, उनकी भारी भीड़ शत्रुता की भावना अनुभव करते हुए इन हड़तालियों को घेरे थी। ऐसे सभी कारिन्दे, कारीगर, छोटे-मोटे व्यापारी और दर्जी आदि हड़तालियों को ऊँचे-ऊँचे और खीझते हुए भला-बुरा कह रहे थे। गुस्से से भरे शब्द, चुभते व्यंग्य-वाक्य हवा में गूँज रहे थे, हाथ लगातार लहरा रहे थे जिनकी मदद से नेपल्ज़वासी कभी न रुकनेवाली अपनी ज़बान की तरह ही बहुत अभिव्यक्तिपूर्ण तथा अच्छे ढंग से अपने को व्यक्त करते हैं।

सागर की ओर से मन्द-मन्द समीर बह रहा था। नगर-उपवन के बहुत बड़े-बड़े ताड़ वृक्ष गहरे हरे रंग की अपनी शाखाओं के पंखों को धीरे-धीरे हिला रहे थे। इन ताड़ वृक्षों के तने भीमकाय हाथियों के भद्दे पैरों से बहुत मिलते-जुलते थे। बच्चे – नेपल्ज़ की सड़कों-गलियों के अधनंगे बच्चे – गौरैयों की तरह फुदक रहे थे, हवा को अपनी किलकारियों और ठहाकों से गुंजा रहे थे। नक़्क़ाशी की प्राचीन कलाकृति से मिलता-जुलता शहर सूरज की किरणों में नहाया हुआ था पूरे का पूरा मानो आर्गन बाजे के संगीत में डूबा था। खाड़ी की नीली लहरें तट-बंध से टकराती थीं, खंजड़ी जैसी छनक पैदा करती हुई लोगों के शोर और चीख-चिल्लाहट का साथ देती थीं। भीड़ की गुस्से भरी आवाज़ों का लगभग जवाब दिये बिना हड़ताली एक-दूसरे के साथ सटते जाते थे, बाग के जंगले पर चढ़कर लोगों के सिरों के ऊपर से सड़क की ओर बेचैनी से देखते थे और कुत्तों से घिरे हुए भेड़ियों जैसे लगते थे। सभी यह जानते थे कि एक जैसी वर्दी पहने हुए हड़ताली इस दृढ़ निर्णय के सूत्र में कसकर बँधे हुए हैं कि किसी भी हालत में क़दम पीछे नहीं हटायेंगे और भीड़ को इस बात से और भी अधिक गुस्सा आ रहा था। किन्तु भीड़ में कुछ दार्शनिक क़िस्म के लोग भी थे जो बड़े इत्मीनान से सिगरेट का धुआँ उड़ाते हुए हड़ताल के बहुत ही कट्टर विरोधियों के साथ इस प्रकार तर्क-वितर्क कर रहे थे –

“अजी महानुभाव ! अगर बच्चों को सेवैयां तक खिलाने को पैसे काफ़ी न हों तो आदमी करे भी तो क्या?”

नगरपालिका के बने-ठने पुलिसवाले दो-दो, तीन-तीन की टोलियों में खड़े हुए इस बात की ओर ध्यान दे रहे थे कि लोगों की भीड़ के कारण ट्रामों की गतिविधि में बाधा न पड़े। वे कड़ाई से तटस्थता का अनुकरण कर रहे थे, हड़तालियों तथा हड़ताल-विरोधियों को

एक जैसी शान्त नज़र से देखते थे। और जब चीख-चिल्लाहट तथा हाव-भाव बहुत ही उग्र रूप धारण कर लेते थे तो दोनों पक्षों का ख़ुशमिज़ाजी से मज़ाक उड़ाते थे। कोई गम्भीर भिड़न्त हो जाने की हालत में दख़ल देने को तैयार फ़ौजी-पुलिस के दस्ते छोटी-छोटी और हल्की-हल्की बन्दूक़ें हाथ में लिये हुए पास की तंग-सी गली के घरों की दीवार के साथ सटे खड़े थे। तिकोने टोप, छोटे-छोटे लबादे और पतलूनों पर रक्त की दो धाराओं जैसी पट्टियोंवाले पतलून पहने ये लोग ख़ासे मनहूस लग रहे थे।

आपसी तू-तू मैं-मैं, ताने-बोलियां, व्यंग और तर्क-वितर्क – अचानक यह सब कुछ बन्द हो गया, लोगों में एक नयी, मानो शान्ति देनेवाली भावना की लहर-सी दौड़ गयी, हड़तालियों के चेहरों पर अधिक गम्भीरता छा गयी, साथ ही वे एक-दूसरे के अधिक निकट हो गये और भीड़ चिल्ला उठी –

"फ़ौजी आ गये!"

हड़तालियों का मज़ाक़ उड़ाती और किलकारी भरी सीटियाँ सुनाई दीं, अभिवादन के नारे गूँज उठे और हल्के भूरे रंग का सूट तथा पनामा टोपी पहने कोई मोटा-सा आदमी पत्थरों की सड़क पर पाँव बजाता हुआ उछलने-कूदने लगा। कंडक्टर और ट्राम-ड्राइवर भीड़ को चीरते हुए धीरे-धीरे ट्रामों की तरफ बढ़ने लगे, उनमें से कुछेक तो पायदानों पर चढ़ भी गये – वे पहले से भी ज्यादा संजीदा हो गये थे और भीड़ की आवाजों का कठोरता से जवाब देते हुए उसे रास्ता देने को मजबूर कर रहे थे। ख़ामोशी छा गयी।

तटवर्ती सान्टा लुचीया की ओर से भूरी वर्दियां पहने छोटे-छोटे फ़ौजी नाच की तरह हल्के-फुल्के कदम बढ़ाते, पाँवों से लयबद्ध आवाज़ पैदा करते और बायें हाथों को एक ही ढंग से यन्त्रावत हिलाते हुए चले आ रहे थे। वे मानो टीन के बने हुए और चाबी से चलने वाले खिलौनों की तरह आसानी से टूट जाने वाले प्रतीत हो रहे थे। त्योरियाँ चढ़ाये और होठों पर तिरस्कारपूर्वक बल डाले हुए ऊँचे क़द का एक सुन्दर अफ़सर इनका नेतृत्व कर रहा था। ऊँचा टोप पहने, लगातार कुछ बोलता और हाथों के असंख्य संकेतों से हवा को चीरता हुआ एक मोटा सा आदमी उसके साथ-साथ उछलता और दौड़ता चला आ रहा था।

भीड़ तेजी से ट्रामों से दूर हट गयी – भूरे रंग की माला के मनकों की तरह फ़ौजी पायदानों के पास रुकते हुए, जहाँ हड़ताली खड़े थे, डिब्बों के निकट बिखर गये।

ऊँचा टोप पहनेवाले को घेरे हुए कुछ अन्य धीर-गम्भीर लोग हाथों को जोर से हिलाते हुए चिल्ला रहे थे –

“आखिरी बार – Ultima volta!” सुन लिया?”

अफ़सर एक ओर को सिर झुकाये हुए ऊबभरे ढंग से अपनी मूँछों पर ताव दे रहा था। ऊँचे टोप को हिलाता और भागता हुआ वह व्यक्ति उसके पास आया और उसने खरखरी आवाज़ में चिल्लाकर कुछ कहा। अफ़सर ने तिरछी नजर से उसकी तरफ़ देखा, तनकर खड़ा हो गया, उसने छाती को अकड़ाया और ऊँची आवाज़ में आदेश देने लगा।

ऐसा होते ही फ़ौजी उछलकर ट्रामों के पायदानों पर दो-दो की संख्या में चढ़ने लगे और इसी समय ट्राम-ड्राइवर और कंडक्टर नीचे कूद गये।

भीड़ को यह दिलचस्प मज़ाक सा प्रतीत हुआ – लोग चीखने-चिल्लाने, सीटियाँ बजाने और ठहाके लगाने लगे। किन्तु यह सब एकाएक शान्त हो गया और लोग गम्भीर तथा तनावपूर्ण चेहरे बनाये और हैरानी से आँखें फैलाये हुए भारी मन से ट्रामों से पीछे हटने लगे और सबसे आगे खड़ी ट्राम की ओर बढ़ चले।

सभी को यह साफ़ दिखाई देने लगा कि ट्राम के पहियों से दो क़दम की दूरी पर पके बालोंवाला एक ड्राइवर, जिसका चेहरा फ़ौजियों जैसा था, सिर से टोपी उतारकर लाइनों के आर-पार चित लेटा हुआ है और चुनौती देती-सी उसकी मूँछें आकाश को ताक रही हैं। बन्दर की तरह चुस्त-फुर्तीला, एक नाटा-सा तरुण भी उसके पास ही लेट गया और उसके बाद अन्य लोग भी इत्मीनान से वहीं लेटते चले गये।

भीड़ में दबी-घुटी भनभनाहट थी, मादोन्ना का आह्वान करती हुई भयभीत-सी आवाजें गूँज उठती थीं, कुछ लोग झल्लाकर भला-बुरा भी कहते, औरतें चीखतीं और आहें भरतीं और इस दृश्य से आश्चर्यचकित छोकरे रबड़ के गेंदों की तरह उछल रहे थे।

ऊँचा टोप पहने व्यक्ति सिसकती-सी आवाज़ में कुछ चिल्लाया, अफ़सर ने उसकी ओर देखकर कंधे झटके – अफ़सर को ड्राइवरों की जगह पर अपने फ़ौजी तैनात करने चाहिए थे, किन्तु उसके पास हड़तालियों के विरुद्ध कार्रवाई करने का आदेश-पत्र नहीं था।

तब ऊँचे टोपवाला व्यक्ति जी-हुजूरी करनेवाले कुछ आदमियों को साथ लिए हुए फ़ौजी पुलिसियों की ओर लपका – वे अपनी जगहों से हिले, पटरियों पर लेटे हुए लोगों के पास आये और उन्हें वहाँ से उठाने के इरादे से उन पर झुक गये।

कुछ हाथापाई और झगड़ा हुआ, लेकिन अचानक धूल से लथपथ दर्शकों की सारी भीड़ हिली-डुली, चीखी-चिल्लायी और ट्राम की पटरियों की ओर भाग चली। पनामा टोपी पहने हुए व्यक्ति ने टोपी सिर से उतारी, उसे हवा में उछाला, हड़ताली का कंधा थपथपाकर तथा ऊँची आवाज़ में उसे प्रोत्साहन के कुछ शब्द कहकर सबसे पहले उसके निकट लेट गया।

इसके बाद खुशमिज़ाज और शोर मचाते हुए कुछ लोग, ऐसे लोग जो दो मिनट पहले तक वहाँ नहीं थे, ट्राम की पटरियों पर ऐसे गिरने लगे मानो उनकी टाँगें काट दी गयी हों। वे ज़मीन पर लेटते, हँसते हुए एक-दूसरे की ओर देखकर मुँह बनाते और चिल्लाकर अफ़सर से कुछ कहते जो ऊँचे टोपवाले व्यक्ति के सामने अपने दस्ताने फटकारता, व्यंग्यपूर्वक हँसता और सुन्दर सिर को झटकता हुआ कुछ कह रहा था ।

अधिकाधिक लोग पटरियों पर लेटते जाते थे, औरतें अपनी टोकरियाँ और पोटलियाँ फेंक रही थीं, हँसी से लोट-पोट होते हुए छोकरे ठिठुरे पिल्लों की तरह गुड़ी-मुड़ी हो रहे थे और अच्छे कपड़े पहने लोग भी दायें-बायें करवट लेते हुए धूल में लोट रहे थे।

पहली ट्राम से पाँच फौजियों ने बहुत-से लोगों को पहियों के नीचे लेटे देखा, हँसी के मारे उनका बुरा हाल हो रहा था, वे हैंडलों

को थामकर डोलते हुए, सिरों को पीछे की ओर झटकते तथा आगे की तरफ़ झुकते हुए जोर के ठहाके लगा रहे थे। अब वे टीन के बने खिलौनों जैसे बिल्कुल नहीं लग रहे थे।

आधा घण्टे के बाद शोर मचाती, चीं-चूँ की आवाज़ पैदा करती हुई ट्रामें सारे नेपल्ज़ में चल रही थीं, उनके पायदानों पर खुशी से मुस्कराते हुए विजेता खड़े थे और डिब्बों के साथ-साथ चलते हुए भी वही बड़ी शिष्टता से पूछ रहे थे –

"टिकट!"

उनकी ओर लाल और पीले नोट बढ़ाते हुए लोग आँखें मिचमिचाते थे, मुस्कराते थे, खुशमिज़ाजी से बड़बड़ाते थे।